Du même auteur

Romans

Au nom du Saint-Esprit, je vous dis …
L'Arche des Temps Nouveaux
Folie de l'Homme ou Dessein de Dieu
Le Tiraillement
L'enfant bonheur
Suis-moi (tomes 1 et 2)
L'inflexible loi du destin (tomes 1 et 2)
À la croisée des destins
L'Univers de Kûrhasm (tomes 1 et 2)
Le chevalier de la Lumière
Quand le doigt de Dieu …
La légende de Thâram (tomes 1 et 2)
Henri-Louis de Vazéac
Il la regarda et...

Essais

La destinée de l'homme …
L'islam tisse sa trame en Occident

Poésies

Murmures de mon âme
Envolée métaphysique

Scénario de film

Magnesia

L'islam tisse sa trame en Occident

Je me consacre à l'écriture depuis 2002, après avoir rédigé plusieurs ouvrages entre 1990 et cette date. Mes écrits ont un même fil conducteur spirituel, reflet de l'inaltérable foi en Dieu animant mon cœur. Ce qui m'a conduit à écrire, parfois, des histoires insolites et à devenir un auteur difficile à classer dans un genre.

ISBN : 978-2-3222-5364-7

Tous droits de reproduction, de traduction et d'adaptation réservés pour tous pays

Site internet : www.atypical-autoedition.com

François de Calielli

L'islam tisse sa trame en Occident

L'article 19 de la Déclaration Universelle des Droits de l'Homme stipule :

« Tout individu a droit à la liberté d'opinion et d'expression, ce qui implique le droit de ne pas être inquiété pour ses opinions et celui de chercher, de recevoir et de répandre, sans considérations de frontières, les informations et les idées par quelque moyen d'expression que ce soit ».

Introduction

Nombreux sont les Occidentaux qui méconnaissent les intentions secrètes de l'islam. Cela laisse la voie libre aux islamistes pour élaborer tranquillement et méthodiquement leur trame. Si les pays d'Occident n'en viennent pas à prendre conscience de ce danger en train de menacer leur chère démocratie, ils se réveilleront un jour sous le joug de l'ordre islamique. La majorité musulmane écrasera alors la minorité chrétienne ou juive et il sera trop tard pour barrer la route à ce bouleversement social.

Certes, les musulmans m'accuseront de faire du catastrophisme primaire. Ils me qualifieront d'islamophobe, de raciste et d'extrême-droitiste. Les défenseurs des droits de l'homme s'alarmeront, de même, de cette critique de l'islam qu'ils jugeront antidémocrate. Or il ne s'agit pas ici d'une thèse haineuse, d'une diatribe contre les musulmans, mais d'un exposé d'éveil spirituel en vue d'empêcher l'avènement du pire et d'amener mes semblables à évoluer vers un monde où n'existe plus le spectre de comportements archaïques.

L'Occident n'évitera l'avènement d'un ordre islamique qu'en se dotant d'un modèle apte à poser les bases d'un monde nouveau. Grâce à lui, l'humanité vivrait dans une belle concorde et n'aurait plus à craindre les dérives intégristes ou totalitaristes.

Chapitre 1

Pour une bonne compréhension de l'islam

Son fondateur : Mahomet

Les premiers écrits sur la vie de Mahomet sont le fait, principalement, d'hagiographes et d'historiens musulmans. Datant des neuvième et dixième siècles, ils répondaient à des questionnements religieux, politiques, juridiques ou sociaux de l'époque. En tout état de cause, la relative historicité des sources traditionnelles rend difficile l'écriture d'une biographie fiable sur Mahomet. Plusieurs chercheurs critiquent la crédibilité des « hadiths » (*biographie de Mahomet*). Selon Jacqueline Chabbi[1], Mahomet n'a laissé aucun écrit ni trace archéologique de son passage sur Terre. Alors que la tradition musulmane, postérieure au Coran, précise que ce dernier dicta ses révélations à un scribe – transcrites sur des morceaux de cuir ou de poteries, des tessons, des nervures de palmes et autres omoplates de chameau – son témoignage n'aurait pas été transmis, selon elle, par ses contemporains. De surcroît, il vivait dans une société de tradition orale. Aussi nul n'exhumera jamais des tablettes à l'instar de celles, nombreuses, relatives à l'empire Byzantin. En définitive, la première biographie de Mahomet ou « sira »[2], ne fut rédigée que 150 à 200 ans après sa mort.

---

[1] Jacqueline Chabbi est historienne et professeur en études arabes à l'Université de Paris VIII. Spécialisée dans l'histoire du monde musulman médiéval, elle est l'auteur, entre autres, de l'ouvrage intitulé « Le seigneur des tribus : L'islam de Mahomet – Biblis, 1997 »

[2] Recueil regroupant l'ensemble des traditions relatives aux actes et paroles du Prophète ainsi qu'à celles de ses compagnons. Principes de vie suivis par les musulmans et désignés sous l'appellation « tradition du Prophète »

Certes, cette historienne a brossé un portrait de Mahomet qui s'éloigne des biographies écrites jusque-là tout en ne tombant pas dans le travers de l'insolence ou du dogmatisme. Je précise, d'ailleurs, que les dignitaires musulmans n'acceptent guère les critiques, même fondées, sur l'islam et leur Prophète. Contrairement aux théologiens chrétiens ou juifs qui sont accoutumés aux jugements des rationalistes depuis des siècles.

Ainsi la tradition musulmane fixe la naissance de Mahomet à La Mecque en 570 après Jésus-Christ à partir de calculs, certes, très douteux. Nombre de légendes ont été écrites sur sa vie et ses voyages. L'indication d'une naissance du vivant de l'empereur Khosrô Ier, soit en 579 après Jésus-Christ, serait plus exacte. Cette année, dite de l'éléphant, fut celle de l'anéantissement d'Abrahah d'Abyssinie et de son troupeau d'éléphants par Allah avant leur entrée à La Mecque avec l'intention d'y détruire la « kaaba »[3], un sanctuaire vénéré par les Arabes. Dans la sourate 105, aux versets 1 à 5, le Coran rapporte :

« *N'as-tu pas vu comment ton Seigneur a agi envers les gens de l'Éléphant ?*
N'a-t-il pas rendu leur ruse complètement vaine
et envoyé sur eux des oiseaux par volées
qui leur lançaient des pierres d'argile ?
Et il les a rendus semblables à une paille mâchée ».

À l'époque de Mahomet, l'Arabie était constituée de Bédouins païens se déplaçant à dos de chameau. Il y était, quant à lui, un homme ambitieux et désireux d'imposer un nouvel ordre. Toujours du point de vue de Jacqueline Chabbi, il fut

---

[3] Grande construction en forme du cube qui abrite la pierre noire, un bétyle vénéré déjà dans l'Arabie préislamique

banni par les Qoraychites – sa tribu de naissance –, qui le pensaient possédé par les djinns.[4]

« Muhammad » (*Mahomet en français*) signifie « le loué », « digne d'éloges », un nom jugé plutôt vaniteux par nombre d'historiens. Il y a lieu de noter l'inexistence du nom arabe « Muḥammad » (*participe passé du verbe « louer »*) avant la vie de Mahomet et, donc, que celui-ci ne put être donné comme tel ; puisqu'il n'était en rien un prénom. Hichem Djaït (*historien, islamologue et penseur tunisien*) précise que le premier nom du Prophète n'est pas mentionné par les sources de l'islam. Pour lui, Mahomet devait probablement s'appeler Qathem Ibn Al-Mutalib, en référence à son oncle décédé. Par conséquent, l'apparition et le changement du nom en Muhammad, « Le loué » seraient liés à la prédication.

Les écrits islamiques narrent : « Mahomet gardait un petit troupeau de bêtes quand son frère de lait aperçut deux hommes vêtus de blanc en train de le coucher sur le sol pour lui ouvrir la poitrine. Alertée, sa nourrice Halima accourut sur les lieux. Mahomet demeura silencieux, et le visage très pâle, confirmant ainsi la version de son frère de lait. En fait, ces deux anges furent envoyés vers le jeune Mahomet pour purifier son cœur et apposer le sceau de la prophétie entre ses épaules. Halima ramena donc l'adolescent vers sa mère. Celle-ci mourut, de même que son père, lorsqu'il avait six ans (*un fait qui reste invérifiable*). Ainsi il fut recueilli par son grand-père qui chargea, peu avant son décès, l'aîné de ses enfants, du nom d'Abu Tâlib, de le prendre dans sa maison. Commerçant aisé, ce dernier l'amena dans ses voyages d'affaires et, notamment, en Syrie. Le jeune Mahomet passait ainsi beaucoup de temps dans le désert. Un moine aurait alors perçu son destin de prophète lors d'un de ces déplacements ».

---

[4] Créatures surnaturelles pouvant prendre diverses formes et qui influenceraient le mental humain

Au dire de la tradition :

Mahomet habitait La Mecque, une cité caravanière située dans une vallée aride impropre à l'agriculture dont les deux ressources économiques étaient le commerce de marchandises avec l'Occident, via l'Inde, et le pèlerinage vers le temple local. Effectivement, l'afflux de pèlerins venant vénérer la pierre noire[5] permettait les échanges en tous genres.

Après avoir été gardien de moutons, Mahomet travailla pour le compte d'une riche commerçante, du nom de Khadidja, laquelle organisait des caravanes à l'instar de la plupart des Mecquois. Elle en fit son homme de confiance, puis son mari. Il était alors âgé de vingt-cinq ans et, elle, de quarante. Ils eurent ensemble quatre filles et des garçons, mais ces derniers ne survécurent pas. Grâce à Khadidja, il accéda au statut d'homme aisé, voire de notable considéré. Il adopta son cousin Ali ainsi qu'une esclave de la tribu arabe des Kalb, majoritairement chrétienne.

En 590, Les Qoraychites déclarèrent la guerre aux tribus de Kénan et d'Hawazan. Sous les ordres d'Abu Tâlib, Mahomet montra une belle intrépidité et participa ainsi à leur dispersion.

La littérature musulmane stipule : « C'était un homme simple, honnête, bon père de famille aimant aller se recueillir, une fois par an, dans une caverne du mont Hira pour s'y consacrer à des exercices de dévotion plusieurs nuits durant. C'est à l'occasion de l'une de ces retraites, un jour de l'an 610, que l'archange Gabriel le tira de son sommeil pour lui faire une révélation. Il avait alors quarante ans. Une vision qui l'effraya et qu'il rejeta jusqu'à vouloir se tuer. Or quand il entreprenait de se

---

[5] La « kabaa » – un bâtiment plus ou moins cubique – abritait cette pierre d'origine météorique. Un type de divinisation qui était courant chez les Sémites

précipiter, du haut de la montagne, l'archange Gabriel lui rappelait sa mission de prophète d'Allah. Il courait se réfugier auprès de Khadidja qui le gratifiait invariablement de son soutien. À sa demande, elle le recouvrait d'un drap ; ce qui donna lieu à la sourate « Al-Muzzammil » (*l'enveloppé*). Le cousin de Khadidja, un chrétien nestorien, confirma à cette dernière que son époux était un prophète de Dieu et que l'apparition de la grotte était bien l'archange Gabriel ».

Mahomet s'habitua à ces révélations qu'il répétait à son entourage et dictait à un secrétaire. Cela aurait duré vingt années et constitué les prémices du Coran.

Mahomet instruisit des proches – un petit cercle comprenant Abou Bakr, son cousin Ali, son fils adoptif Zayd et des mecquois de condition modeste, parmi lesquels des jeunes en révolte contre leur milieu – sur ces versets soufflés par Allah en arabe par le canal de l'Archange Gabriel. Ce premier noyau de fidèles prendra le nom de musulmans (*de muslim : celui qui se soumet à Allah*). Des gens qui gardaient secrète leur foi, vu que les mecquois, attachés à leurs pratiques ancestrales, voyaient d'un mauvais œil le monothéisme de Mahomet ainsi que son dénigrement des divinités traditionnelles. Ainsi, au début, ce petit groupe autour de lui suscita l'ironie, voire le mépris. Il fit alors en sorte de gagner l'estime de ses concitoyens en louant des divinités locales à côté d'Allah, un dieu parmi d'autres pour les Arabes de l'époque. Lorsqu'il en vint à diffuser ses convictions à l'ensemble des habitants de La Mecque, les notables craignirent que cette croyance monothéiste ne mît en péril leur prospérité ; en effet, celle-ci dépendait principalement des nombreux pèlerins venus rendre un culte aux nombreuses divinités.

Après sa déclaration de guerre au polythéisme, il dut sa survie à la protection de son clan. Il imposait à ses adeptes de prier cinq fois par jour en se prosternant et en invoquant Allah.

En 619, son oncle Abu Talib et sa femme Khadidja décédèrent. Après la mort de cette dernière, il épousa Sawda, une veuve, ainsi que la petite Aïcha, âgée seulement de six ans et fille de son oncle Abu Bakr. Un mariage consommé quand celle-ci atteignit l'âge de neuf ans. Les rédacteurs de sa biographie attribuèrent quinze épouses à Mahomet. Quant à l'historien médiéval Tabari (839-923), il signala dans son ouvrage « Histoire des prophètes et des rois » que le nombre de femmes de Mahomet était de onze et qu'il laissa neuf veuves à sa mort. Puis le même Tabari précisa, plus loin, qu'il épousa vingt femmes et qu'il en convoita cinq qu'il n'épousa pas.

Si le Coran n'interdit pas la polygamie, il restreint le mariage à quatre femmes, comme spécifié dans la sourate 4 au verset 3. Mahomet justifia donc cette violation en énonçant une révélation personnelle d'Allah (sourate 33, verset 50).

« Ô Prophète ! Nous avons rendu licite tes épouses à qui tu as donné leur mahr (dot), ce que tu as possédé légalement parmi les captives [ou esclaves] qu'Allah t'a destinées, les filles de ton oncle paternel, les filles de tes tantes paternelles, les filles de ton oncle maternel, et les filles de tes tantes maternelles, - celles qui avaient émigré en ta compagnie, - ainsi que toute femme croyante si elle fait don de sa personne au Prophète, pourvu que le Prophète consente à se marier avec elle : c'est là un privilège pour toi, à l'exclusion des autres croyants. Nous savons certes, ce que nous leur avons imposé au sujet de leurs épouses et des esclaves qu'ils possèdent, afin qu'il n'eût donc point de blâme contre toi. Allah est Pardonneur et Miséricordieux ».

Nouveau chef de la tribu, son oncle Abou Lahab le chassa de cette dernière. Ce qui le contraignit à chercher de nouveaux soutiens. Par conséquent, il conclut un accord avec les notables de Yathrib[6] où plusieurs de ses disciples avaient émigré. Selon la « sunna » (*loi immuable d'Allah selon le coran*), ces derniers le chargèrent de faire taire les conflits entre les deux principaux clans. Une entreprise qu'il mena avec beaucoup de succès et qui l'établit ensuite dans son autorité. Cette émigration à Yathrib (24 septembre 622) prit le nom d'hégire (*de hidjra : émigration*) et devint le point de départ de l'islam ainsi que du calendrier musulman.

Médine (*ex-Yathrib*) était alors occupée par onze tribus : trois Arabes et trois juives. Par conviction ou par opportunisme, quelques juifs avaient adopté l'islam. Quant à la majorité des juifs médinois, ils furent condamnés suite à leur refus de rallier la cause mahométane et à leur critique du Coran ; lequel déformait, selon eux, les récits bibliques. Dès lors, Mahomet décida que l'orientation de la prière ne serait plus Jérusalem. Il proclama aussi la nécessité d'un jeûne qu'il fixa au mois de « ramadân » (*celui de la victoire de Badr*[7]. Les membres devaient observer ces rituels sous peine de représailles. Quant aux réfractaires, ils étaient écartés, voire tués. Progressivement, les actes, les exigences et les positions de Mahomet suscitèrent l'opposition des païens, des juifs, mais aussi de fidèles médinois. Ceux qu'il appelait les « Douteurs » ou les « Hypocrites » critiquèrent, à la fois, son pouvoir grandissant et les émigrés mecquois musulmans. Il fit assassiner plusieurs poètes médinois païens et renvoyer de Médine, en 625, des Banu Qaynuqa et des Banu Nadir[8] qu'il soupçonnait de mauvais desseins. Afin d'asseoir son pouvoir, il ordonna ensuite l'élimination systématique des derniers juifs médinois.

---

[6] Une oasis située à 350 kilomètres environ de La Mecque et qui sera baptisée, plus tard, Médine

[7] Bataille de Mahomet en mars 624 contre le clan qoraychite, lequel l'avait contraint à l'exil vers Médine

[8] Les Banu Qaynuqa, les Banu Nadir et les Banu Qurayza étaient les trois principales tribus juives vivant en Arabie au septième siècle

Les membres de la tribu, divisée en clans, se devaient une solidarité économique et juridique. Mahomet eut l'idée de proposer un système fondé sur l'appartenance religieuse et ne privilégiant plus la parenté. Il créa donc le concept de « oumma » ou communauté de croyants. Conçue sur un mode égalitaire, celle-ci accueillait les gens de tous horizons. Mahomet devint un chef, à la fois, religieux, politique et militaire qui se devait de subvenir aux besoins de ce petit État théocratique constitué de partisans mecquois et médinois. Ainsi il commanda à ses fidèles d'attaquer, par petits groupes, les caravanes mecquoises ; des razzias qui lui rapportaient un riche butin. Ce fut la naissance du concept de « djihad » auquel tout bon musulman se trouvait forcé d'adhérer. Mahomet participa à de nombreuses batailles, que la tradition prétend défensives, mais qui s'avéraient être en réalité des combats destinés à convertir les Arabes et à faire triompher l'islam. Dans ce but, il marcha vers La Mecque avec une armée de dix mille soldats en janvier 630 et en promettant l'amnistie aux habitants qui accepteraient de se rendre. Partant, ils furent une majorité à se convertir à l'islam. Après avoir investi la ville, il fit détruire les statuettes autour de la « kaaba » (*bâtisse cubique située au centre du sanctuaire mecquois*). Un geste symbolique qui visait à mettre fin au culte des idoles et à prohiber le polythéisme.

Pour donner une certaine authenticité à sa religion, il rattacha l'islam à Abraham qu'il déclara être l'ancêtre des Arabes et un pur monothéiste comme lui. De fait, Ismaël et son père devinrent les fondateurs de la « kabaa ».

Ayant le statut de « dhimmis »[9], les populations des régions islamisées devaient payer une taxe (*ou jizia*), par laquelle ils bénéficiaient de la protection de l'État islamique. Neuf ans après l'hégire, toute l'Arabie se trouvait donc soumise au système

---

[9] Dans le droit musulman, ce terme désigne un citoyen non-musulman d'un État musulman qui est lié à celui-ci par un « pacte » de protection

instauré par Mahomet. Dès lors, celui-ci ordonna l'arrêt des razzias et déclara à l'occasion de son Sermon d'Adieu en 632 : « Le musulman est intégralement sacré pour le musulman, son sang est sacré, ses biens sont sacrés, son honneur est sacré ». Selon les historiens musulmans, il aurait envoyé huit émissaires vers les rois d'Égypte, de Syrie, d'Oman, du Yémen, de Bahreïn, d'Abyssinie, de Perse ainsi que vers l'empereur byzantin Héraclius pour les appeler à se convertir à l'islam. Son message disait : « *Au nom d'Allah clément et miséricordieux. Dis : Ô humain, je suis l'apôtre d'Allah, envoyé vers vous tous, de celui qui possède les cieux et la terre. Il n'y a pas de dieu en dehors de Lui, qui donne la vie et fait mourir. Salut à celui qui suit la droite voie. Mets-toi à l'abri du châtiment de Dieu si tu ne le fais pas, eh bien, moi je t'ai fait parvenir ce message !* ».

Un fait que les islamologues actuels ne corroborent pas.

Les « hadiths » consignent les divers miracles que la légende islamique attribue à Mahomet. Ainsi celui où il divise la lune en deux, qu'Allah rassemble ensuite, pour répondre aux Mecquois qui lui demandent une preuve de son statut de prophète. Ou cet autre dans lequel il fait jaillir de l'eau entre ses doigts en vue de permettre les ablutions de mille cinq cents hommes. La tradition conte également l'histoire du surgissement de la source de Tabuk et du puits de « al Hudhaybiyya » grâce à son invocation.

Parmi les plus fantasques, il y a celui de la prouesse de l'arbre censé avoir emboîté son pas alors qu'il le tenait par une branche comme il le ferait d'un chameau par la bride. Bien d'autres ressemblent étrangement à ceux de Jésus, comme la multiplication de la nourriture ou la guérison des malades.

Mahomet demeura à Médine tout en continuant de guerroyer pour la domination du Hedjaz (*partie ouest de l'Arabie Saoudite actuelle*). Les tribus conquises devaient se convertir à l'islam et payer un tribut, une allégeance ayant surtout un sens politique. En juin 632, il expira à l'âge de soixante-trois ans dans les bras de son épouse favorite Aïcha après plusieurs semaines de maladie. Sa dépouille fut enterrée dans sa « maison-mosquée », un lieu de pèlerinage où reposent, de même, ses deux successeurs Abû Bakr et Umar.

Selon des textes juifs, chrétiens ou samaritains datant du septième siècle, Mahomet était vivant lors de la conquête musulmane du Proche-Orient. Par conséquent, le professeur Stephen J. Shoemaker[10] propose de situer la date de sa mort plutôt vers 634 ou 635. La tradition musulmane a probablement fixé sa mort en 632, afin de la calquer sur celle de Moïse ; en effet, ce dernier mourut avant d'entrer en Terre promise, laissant son successeur Josué mener la conquête du pays de Canaan. Ici, c'est Abou Bakr, le successeur de Mahomet, qui aurait eu la charge de lancer ses troupes à la conquête des pays du Cham (Syrie et Palestine).

Les disciples du Prophète continuèrent de transmettre les sourates sous formes orale et écrite. La première compilation en un livre, appelé Coran, par le troisième calife Uthman eut lieu environ vingt ans après la disparition de Mahomet.

Fidèle dans ses exagérations, la tradition islamique présente Mahomet sous le jour d'un modèle de perfection physique, intellectuelle et morale (*al-insan al-kamil en arabe*). Elle le prétend donc énergique, fidèle, honnête et d'un excellent jugement. Or, il était, très certainement, d'une nature plutôt tourmentée. Car, au sein d'une société largement polygame, la période de sa vie conjugale avec une seule femme, et plus âgée que lui de surcroît, n'avait dû guère concourir à sa sérénité.

---

[10] Spécialiste de l'histoire du christianisme et des débuts de l'islam ; il est l'auteur de « The Death of a Prophet : The End of Muhammad's Life and the Beginning of Islam » (Pennsylvania Press, 2011)

D'autant qu'il n'avait eu aucune descendance mâle ... une réalité jugée honteuse en ce temps-là. Les garçons enfantés par Khadidja étaient en effet tous décédés.

Concernant la cruauté de ses actes, elle correspondait aux mœurs de l'époque en Arabie. L'ambition politique et la raison d'État primèrent donc sur le religieux.

Après son décès, Mahomet devint le symbole de la nouvelle foi. Un culte autour de sa personne qui entraîna une vénération de ses reliques. Ce fut aussi une façon de placer l'islam au-dessus des autres religions. Aujourd'hui, quiconque manque de respect à celui que la tradition musulmane élève au statut de prophète risque l'anathème ou, pire, la mort.

Les musulmans voient Mahomet comme le dernier des messagers ; celui qui est venu fermer le cycle des religions abrahamiques, restaurer la loi et la foi dans le monothéisme d'origine, tel qu'il fut apporté par Dieu à Abraham, Moïse et Jésus principalement.

Le Coran affirmant que la venue sur Terre de Mahomet est annoncée dans la Torah et l'Évangile, les musulmans croient fermement en la véracité de cette ineptie.

Ainsi la sourate 61 au verset 6 stipule :

« *Et quand Jésus fils de Marie dit : "Ô Enfants d'Israël, je suis vraiment le Messager d'Allah [envoyé] à vous, venu confirmer ce qui, dans la Thora, est antérieur à moi, et annoncer qu'un Messager est à venir après moi, du nom d'Ahmad. Puis quand celui-ci vint à eux avec des preuves évidentes, ils dirent : "C'est là une magie manifeste* ».

La sourate 7 au verset 157, dit de même :

« Ceux qui suivent le Messager, le Prophète illettré qu'ils trouvent écrit (mentionné) chez eux dans la Thora et l'Évangile. Il leur ordonne le convenable, leur défend le blâmable, leur rend licites les bonnes choses, leur interdit les mauvaises, et leur ôte le fardeau et les jougs qui étaient sur eux. Ceux qui croiront en lui, le soutiendront, lui porteront secours et suivront la lumière descendue avec lui ; ceux-là seront les gagnants ».

Entre tradition musulmane et thèses des chercheurs sur cette religion, l'islam doit être analysé dans le contexte propre aux tribus nomades de l'époque de Mahomet. Chacune y croit en un Seigneur (*rabb en arabe*), une divinité ayant une résidence sur le territoire qu'elle occupe. Des pierres (*morceaux de chute de petits fragments de météorites*) y sont l'objet d'un culte, telle la pierre noire scellée à la « kaaba », un sanctuaire sis à La Mecque. Les civilisations antiques croyaient de même en des dieux de différentes formes qu'elles enfermaient dans des temples.

Entre les quatrième et cinquième siècles, en grande partie ruinée et en proie à une certaine anarchie, l'Arabie traversait une période désastreuse. Aussi les Byzantins et les Sassanides se désintéressaient-ils de cette région. À la veille de l'islam, comparée à de grandes cités caravanières comme Palmyre et Pétra, La Mecque se révélait être en vérité un centre économique modeste. Disposant de ressources limitées, les habitants y souffraient régulièrement de la faim. Ainsi, hormis l'élevage, les Bédouins survivaient grâce aux butins tirés des attaques de tribus sédentaires.

Certains islamologues n'ont pas hésité à qualifier l'islam de secte apocalyptique. La compréhension de ce courant, initié par Mahomet, nécessite un détour historique et, en premier lieu, sur ce très vieux peuple du Proche et Moyen-Orient qui n'a jamais eu d'histoire propre. En effet, les Arabes étaient divisés en de nombreuses tribus nomades ou sédentaires. À la fin du cinquième siècle avant Jésus-Christ, ils représentaient une des composantes de l'empire perse de Darius Ier. Les Qoraychites[11], tribu dont Mahomet était issu, tenaient une place à part au sein de celui-ci.

Concernant le polythéisme préislamique, il s'articulait autour de plusieurs religions. Les spécialistes ont identifié l'existence de trois groupes importants dans l'Arabie méridionale, centrale et septentrionale de l'époque. Le Coran cite les principales divinités qu'ils louaient : Allat, Houbal, Manat, Nasr, Uzza, Wadd, Yaghoûth, Ya'ouq. Ce contexte polythéiste donnait lieu à de grands pèlerinages qui transformaient La Mecque en espace de foire et d'échanges de toutes sortes. Au printemps de chaque année, rassemblés autour de la « kaaba », les pèlerins participaient à de grands sacrifices religieux. Peu avant sa mort, Mahomet unifia ces rites dans l'intention de réunir les Bédouins, les gens des oasis et les caravaniers sous une même bannière. Des populations qu'il dominait.

Avant l'avènement de l'islam, Hubal avait le statut de seigneur de la « kaaba » ; ce qui le plaçait en haut de la pyramide des trois cent soixante divinités. À l'instar de Zeus chez les Grecs ou de Jupiter chez les Romains, Allah trônait sur cet ensemble. De fait, les Arabes païens adressaient leurs prières à Allah – un nom dérivé de Al-ilah (*qui signifie « le dieu »*) – via Hubal. Après la destruction de leurs idoles, les Arabes finirent par oublier Hubal ainsi que la pléthore des dieux et déesses. Par contre, la « kaaba » et le croissant de lune survécurent. D'ailleurs, ce dernier orne à présent le haut des minarets des mosquées. Homme rusé, Mahomet conserva certains rituels païens qu'il redéfinit en rituels monothéistes. Plus tard, les juifs ne manqueront pas de rejeter ce dieu en qualifiant l'islam et Allah de produits du paganisme des Sabéens et non de la Bible.

---

[11] Plusieurs appellations existent pour cette tribu : quraychites, qoraychites, quoriches ou koraïchites ; ce sont les descendants des quraysh dont la traduction est « petit requin »

Les judéo-chrétiens (nazôréens-ébionites ou sabéens-elkasaïtes) habitaient surtout les villes de Yathrib et de Khaybar. Ils furent très probablement les ancêtres des musulmans. Oscar Cullman (*théologien et exégète biblique luthérien*) ou Hans-Joachim Schoeps (*historien et philosophe allemand spécialisé dans le domaine religieux*) soutiennent que les nazôréens ont été, en partie, les inspirateurs de la théologie islamique. Les historiens Simon Claude Mimouni (*historien français spécialisé dans l'histoire des religions de l'Antiquité et, notamment, dans le christianisme et le judaïsme*) et François Blanchetière[12] attestent, quant à eux, que les pratiques religieuses de l'islam des origines ont une forte ressemblance avec celles des groupes précités.

L'origine de l'islam a motivé nombre de recherches. Alors que la tradition musulmane et certains historiens situent celle-ci au centre de l'Arabie, d'autres chercheurs lui donnent l'Arabie pétrée (*l'actuelle Syrie*) pour cadre. Ils affirment même que La Mecque n'apparaît dans aucun texte antérieur aux écrits islamiques et qu'il n'y a pas de preuves archéologiques de son existence en ces temps reculés.

Certes, la légende musulmane voile la réalité. Ainsi un Mahomet partant de Jérusalem et montant au ciel à dos d'une jument ailée pour y quérir le Coran, puis redescendant sur Terre par ce même moyen de transport, tient du mythe. En tout état de cause, le religieux se complaît dans celui-ci bien souvent.

---

[12] Historien français et professeur de religion comparée à l'Université Marc-Bloch de Strasbourg. Il se consacre à l'étude des relations dans les premiers siècles de l'ère chrétienne

Chapitre 1

En 1874, Adolph von Harnack[13] déclara : « *Le mahométisme n'est qu'une lointaine dérivation de la gnose judéo-chrétienne et non une religion nouvelle* ».

À l'origine de la chrétienté, deux courants se côtoyaient : celui des convertis d'origine gréco-romaine et celui des chrétiens d'origine juive. Mené par Paul, le premier donna naissance à l'Église chrétienne qui se scinda ensuite en différentes obédiences. Quant au second, il prit une autre voie qui fut baptisée de nazaréenne. Cette secte se distinguait du groupe chrétien gréco-romain sur de nombreux points : la croyance en un Dieu Unique, et non en La Trinité, et le rejet de la divinité de Jésus-Christ. Pour les nazaréens, Dieu avait fait seulement de celui-ci Son Messie. Ils pratiquaient la circoncision, observaient le sabbat, condamnaient les sacrifices d'animaux, rejetaient les règles de Paul, préféraient la pauvreté et la nourriture végétarienne. Ils jugeaient les ablutions indispensables et priaient en direction de Jérusalem, alors que les gréco-chrétiens se tournaient vers l'est pour leur prière.

Au début, les chrétiens d'Orient virent l'islam sous le jour d'un nouveau groupement apparenté au judaïsme et au christianisme, un de ceux que Saint Jean Damascène[14] énumérait dans son traité sur les sectes. Fière de sa foi, la communauté musulmane aime à redire le verset 110 de la sourate 3 du Coran :

« *Vous êtes la meilleure communauté qu'on ait fait surgir pour les hommes, vous ordonnez le convenable, interdisez le blâmable et croyez en Allah. Si les gens du Livre croyaient, ce serait meilleur pour eux. Il y en a qui ont la foi, mais la plupart d'entre eux sont des pervers* ».

---

[13] Professeur, docteur en théologie, en droit, en médecine et en philosophie. Il est considéré comme l'un des plus importants parmi les théologiens protestants allemands de son temps

[14] Théologien d'origine syriaque (676-749), mais de langue grecque, considéré comme saint par les Églises catholique et orthodoxe

En fait, le vocable « islâm » signifie « soumission de plein gré ». Le musulman est donc un croyant totalement soumis à Allah.

Sans les judéo-nazaréens, cette idéologie serait probablement restée lettre morte. Dans sa thèse titrée « Nazarene Jewish Christianity », Ray A. Pritz (*il enseigne au Centre Caspari d'études bibliques et juives*) a mis en avant l'existence de cette secte nazaréenne ; laquelle était mal connue jusqu'alors. Les nazaréens étaient des chrétiens d'origine juive appartenant à la communauté de l'apôtre Jacques et premier évêque de Jérusalem qui mourut en martyr en 62 après J.-C. Ils affirmaient qu'une autre personne fut crucifiée à la place de Jésus et que Dieu gardait celui-ci, depuis sa mort naturelle, en Son giron céleste avant de l'envoyer à nouveau sur Terre pour y établir un gouvernement mondial. Une croyance qui n'avait point le consentement des judéo-chrétiens (*les chrétiens de Palestine*) ou des juifs orthodoxes. Quant aux judéo-nazaréens, ils reprochaient aux premiers d'avoir perverti la tradition juive en associant le Messie Jésus à Dieu et, aux seconds, d'avoir lapidé Jacques le Juste, un acte impardonnable, renié le Messie et, surtout, donné une fausse interprétation de la Thora.

Toutefois, ces gens ne formaient pas une communauté homogène. Au sein du Proche Orient ancien, une secte se cantonnait dans un périmètre réduit, à savoir le quartier d'une ville et, au plus, un ou plusieurs villages. Au-delà, nul n'avait connaissance de cette dernière. Par conséquent, les judéo-nazaréens étaient coupés du monde juif ou chrétien.

L'idéologie guerrière du judéo-nazaréisme n'est compréhensible qu'en la replaçant dans le contexte d'un monde hébraïque diversifié et marqué par des antagonismes profonds. Jésus n'y était point perçu comme le Sauveur, une prérogative de Dieu seulement. Ainsi celui-ci n'avait eu de son vivant qu'un rôle de Messie et serviteur de Dieu, lequel l'avait fait naître, certes, de façon extraordinaire. Une position que reconnaît l'islam.

Évidemment, les dignitaires musulmans contestent une telle proximité entre l'islam et le judéo-nazaréisme. Tandis que certaines sources stipulent que Waraqa ibn Nawfal était le cousin de Khadidja, la première épouse de Mahomet, et un prêtre converti au christianisme nestorien, des recherches récentes le présentent plutôt sous les traits d'un nazaréen ébionite ou judéo-nazaréen, de par sa mère (*qui était très probablement une judéo-nazaréenne*). D'ailleurs, il aurait officié au mariage de Mahomet en tant que prêtre nazaréen. La communauté judéo-nazaréenne locale avait entrepris de convertir leurs voisins arabes à leur vision de l'histoire et du Messie-Jésus (*selon l'expression du Coran*).

Alfred-Louis Prémare[15], un chercheur éminent, et reconnu jusque dans certaines universités du monde arabe, évoque la nécessité de relire les sources islamiques connues et de les intégrer dans une perspective plus ouverte. Simon Claude Mimouni fait état, quant à lui, d'une communauté d'Hébreux en désaccord avec les chrétiens, et non associables aux juifs talmudistes. Quant à Edouard-Marie Gallez[16], il tente de démontrer, à l'aide de données épigraphiques, que le judéo-nazaréisme n'a rien d'un mythe. D'ailleurs, le Coran cite leur lectionnaire, inspiré de la Thora et d'un « injil » (*très éloigné en vérité de l'Évangile*). Cette thèse d'Edouard-Marie Gallez sur l'origine de l'islam, scientifiquement bien étayée, a servi de référence à d'autres chercheurs sur le sujet.

---

[15] Universitaire français, spécialiste de la langue et de la culture arabes ainsi que de l'histoire de l'islam
[16] Ecclésiastique, docteur en théologie et en histoire des religions de l'Université de Strasbourg. À l'instar d'autres chercheurs, il défend que l'islam émane du judéo-nazaréisme

Le terme « quran » est l'équivalent de « qira'ah » qui viennent tous deux du verbe « qara'a » signifiant crier, lire ou réciter en public. Quant au mot syriaque « qorono », il désignait un florilège chrétien d'extraits bibliques destiné à la lecture publique. On trouve ici une parfaite relation avec le Coran élaboré par les califes à partir du huitième siècle et servant à des lectures journalières. De quelle communauté parle le verset 113 de la sourate 3 ? « *Mais ils ne sont pas tous pareils. Il est, parmi les gens du Livre, une communauté droite qui, aux heures de la nuit, récite les versets d'Allah en se prosternant* ». Nullement celle des musulmans, encore en floraison, mais une autre que le verset 66 de la sourate 5 désigne ainsi :

« *S'ils avaient appliqué la Thora et l'Évangile et ce qui est descendu sur eux de la part de leur Seigneur, ils auraient certainement joui de ce qui est au-dessus d'eux et de ce qui est sous leurs pieds. Il y a parmi eux un groupe qui agit avec droiture ; mais pour beaucoup d'entre eux, comme est mauvais ce qu'ils font !* ».

Cette communauté, qui se lève la nuit pour réciter des psaumes, est assurément celle de l'auteur, nullement un juif orthodoxe mais un judéo-nazaréen.

Voyons, à présent, les trois éléments aptes à expliquer la naissance de ce courant du nom d'islam :

1) des tribus arabes puissantes et riches qui ne voulaient plus combattre, voire continuer à subir l'humiliation des Byzantins et des Perses ;
2) l'opportunité d'une idéologie de conquête du monde, celle des judéo-nazaréens ;
3) le personnage de Mahomet, un homme disposant des moyens nécessaires à la poursuite d'une opération d'envergure.

Les dignitaires judéo-nazaréens auraient inspiré à Mahomet un repli stratégique semblable à l'Exode d'Israël hors d'Égypte. Ne baptisèrent-ils pas, d'ailleurs, Yathrib du nom de Médine ? Une allusion à la petite ville de Modin où des juifs avaient fui Jérusalem en 167 avant Jésus-Christ pour y revenir victorieux et fonder l'éphémère royaume Hasmonéen de 163 à 135 avant Jésus-Christ.

Robert Kerr (*moyen-orientaliste et linguiste canadien*) fait pour sa part une analyse différente des origines de l'islam. Selon lui, il s'agit d'un courant qui ne saurait être compris en dehors du contexte de son temps ; en effet, les Arabes furent confrontés à une diversité de langues et de cultures. Ainsi le Coran n'est pas né à La Mecque ou à Médine ; vu que, dans ce cas, les plus anciens manuscrits de ce texte auraient été rédigés à partir d'un autre alphabet.

Linguiste éclairé, Robert Kerr sait déchiffrer certaines langues sémitiques, telles que le punique, l'hébreu et l'arabe. Quoique passionné par le Moyen-Orient, il n'est pas à proprement parler un islamologue. Toutefois, ses connaissances linguistiques lui ont permis de mettre en exergue des éléments nouveaux concernant la naissance de l'islam. Il s'est aussi plongé dans les travaux d'islamologues du courant révisionniste, lesquels se sont appliqués à découvrir, par des recherches sur les sources de l'époque, les événements relatifs au début de l'islam.

Günter Lüling (*théologien, islamologue, philosophe et philologue allemand*) s'est efforcé de démontrer, de son côté, l'influence des ébionites sur l'islam originel ; un fait que l'on retrouve dans les cultes chiite et ismaélite. Car, initialement, Mahomet prescrivit la direction de Jérusalem pour la prière ; puis, après son éloignement des juifs, il la changea par celle de La Mecque. Concernant la « kaaba », le sanctuaire central de La Mecque,

Lüling conclut, suite à un examen de son plan, qu'il s'agissait au départ d'une église chrétienne orientée vers Jérusalem.

L'histoire préislamique de La Mecque est on ne peut plus obscure. Dans les dernières décennies du vingtième siècle, les vestiges antiques, médiévaux et modernes de la ville ayant été systématiquement détruits, on ignore tout de son archéologie. Partant, son existence repose sur les seuls dires de la tradition musulmane. Des califes l'auraient donc créée tardivement pour des raisons politiques et religieuses.

Durant les cent cinquante années postérieures à la mort de Mahomet, les textes ne connurent pas le moindre changement. Puis la vie de ce dernier fut consignée et une importante modification du Coran eut lieu, afin d'en effacer au mieux les origines juives et chrétiennes. Il s'écoula une nouvelle période de deux cents ans, voire de deux cent cinquante ans, qui correspondit à un temps d'affermissement des traditions islamiques et d'élimination des croyances mineures en son sein. Dès lors, l'islam s'imposa dans la forme actuelle. Son aboutissement date finalement des neuvième et dixième siècles de l'ère chrétienne.

Abou Bakr, successeur de Mahomet, est l'homme qui promut l'idée d'une unité arabe soudée par l'islam. Les Bédouins, qui s'enrôlèrent sous la bannière de ce courant, le firent autant par conviction religieuse que par la promesse d'un riche butin. En l'espace de douze ans, de 633 à 645, la Mésopotamie, la Palestine, la Syrie et l'Égypte devinrent des pays arabes. Ne trouvant pas dans le Coran des versets sur la façon de traiter les peuples vaincus, les conquérants prirent pour exemple les actes de Mahomet ; lequel avait, selon les circonstances, expulsé, massacré ou réduit les vaincus à l'état de tributaires. Une distinction était opérée entre les païens, forcés de se convertir sans jamais être des musulmans à part entière, et les gens de l'Écriture qui pouvaient continuer à pratiquer leur religion sous protectorat musulman.

Pour mieux dominer les territoires conquis, les califes implantèrent de nouvelles villes qu'ils peuplèrent d'Arabes – véritables centres politiques et militaires des provinces – tout en distribuant des terres aux musulmans hors de l'Arabie. À noter qu'arabisme et islamisme se confondent, puisque les musulmans sont convaincus d'être l'élite désignée par Allah pour gouverner le monde.

Mahomet ayant déclaré que l'islam est la religion la plus proche de la foi d'Abraham, une façon de la crédibiliser, les musulmans croient vraiment que ses révélations viennent confirmer celles de Moïse et de Jésus.

L'époque médinoise fut celle d'un changement d'attitude des musulmans vis-à-vis de ceux que le Coran appelait désormais « les gens de l'Écriture », c'est-à-dire les juifs et les chrétiens. La sourate 9 au verset 33 stipule :

« *C'est Lui (Allah) qui a envoyé Son messager avec la bonne direction et la religion de la vérité, afin qu'elle triomphe sur toute autre religion, quelque répulsion qu'en aient les associateurs* ».

Les musulmans érigèrent l'islam au statut de religion de l'humanité en prétendant qu'Allah l'élevait au-dessus des Écritures juives et chrétiennes à travers un livre dicté par lui. Dès lors, ils se déclarèrent « *vrais fidèles du monothéisme absolu* ».

Par ailleurs, ils affirmèrent que « L'injil » (*qui n'est en rien l'Évangile*) révélé au prophète « îsâ » (*Jésus de Nazareth*) ne contient ni le dogme de La Trinité, ni celui de l'Incarnation, ni celui de la Rédemption, ni celui, de fait, du péché originel. Jésus n'a eu que la mission de messager auprès du peuple d'Israël, alors que

Mahomet, dernier d'une longue série, a reçu celle d'islamiser le monde. Ils sont donc convaincus que la Thora et l'Évangile ont fait l'objet de falsifications, et ce, pour tronquer la vérité. Par contre, ils allèguent que le Coran, de par son origine divine, ne peut être imité ou déformé ; vu que le Prophète n'a eu que le privilège d'en recevoir les versets.

Via l'islam, les musulmans réfutent l'ensemble des textes bibliques … une façon de le particulariser et de minimiser l'Écriture juive ou chrétienne. Ils ne croient pas en un Père d'Amour, vu qu'Allah décide d'accorder ou non son pardon à ceux qui lui en font la demande. Certes, les polythéistes, ne sauraient bénéficier de cette grâce.

Nul n'a le droit de critiquer l'islam et, donc, le Coran ; car c'est le livre de la sagesse suprême. Les omissions y sont fondées, puisqu'il est inutile de préciser ce qui n'est pas indispensable à l'établissement de la vérité. Ainsi toute polémique à propos de ses affirmations n'est guère tolérable. En effet, leur diversité concourt à donner du sujet une idée exhaustive.

Le dogme musulman traite majoritairement de la fin du monde, de la résurrection, du Jugement, du Ciel et de l'enfer. Comme chez les millénaristes, la description du bonheur futur fait une grande place à des promesses matérielles, telles celle relative à des vierges paradisiaques, appelées « houris », qui sont à la disposition des élus dans l'au-delà.

L'islam interdit l'association d'autres dieux et autres êtres à Allah. Le faire revient à commettre un « shirk » majeur, c'est-à-dire un péché irrémissible et, en final, un crime. Par le biais de cette condamnation, Mahomet avait cherché à dissuader la croyance en une multiplicité d'idoles divinisées et, partant, à élever Allah au statut de Dieu unique. Dès lors, les musulmans trouvent la foi du chrétien inadmissible, absurde même. Une foi qui amène effectivement celui-ci à se complaire dans le péché.

Les péchés sont soit majeurs soit mineurs dans le Coran, une classification différente de celle de la chrétienté qui les classe en mortels ou véniels. Ainsi le manque de respect envers les parents, le crime envers un musulman, l'adultère, la calomnie d'une musulmane vertueuse, le refus de la guerre sainte représentent des péchés majeurs qui méritent une punition exemplaire.

À partir du Coran et des « hadiths »[17] du Prophète, une législation islamique a pris forme peu à peu. Les traditions revêtent une importance toute particulière pour les musulmans. Cette religion contient en outre nombre de traditions apocryphes, c'est-à-dire des textes créés en appui des conflits d'idées que les juristes se sont appliqué à compléter.

Fort de son indéfectible attachement au Prophète, le croyant déclare blasphématoire toute critique envers lui ; un fait qui induit les plus radicaux à tuer le blasphémateur. Le musulman est conditionné, dès sa plus tendre enfance, à une soumission aveugle à Allah, à l'islam, à Mahomet. Il n'a pas conscience de faire l'objet d'un véritable lavage de cerveau. Toute sa vie, son comportement au quotidien (les façons de penser, de prier, de s'habiller, de manger, d'agir), voire son intimité, sont réglés par ce système politico-religieux.[18] Le Coran l'appelle aussi à combattre en vue de défendre la cause d'Allah. Une

---

[17] Recueil qui regroupe l'ensemble des traditions relatives aux actes et paroles du Prophète ainsi que celles de ses compagnons

[18] Dans le Coran, l'islam est appelé « dîn », un mot arabe qui n'a pas d'équivalent en français et qu'il est faux de traduire par religion. Ce terme définit un système, à la fois, politique, religieux, militaire, juridique, et social. Il indique la soumission à une divinité (en l'occurrence Allah)

instrumentalisation qui nuit en réalité à sa liberté d'action, à son épanouissement humain.

Sa totale allégeance à Allah le contraint normalement à refuser l'autorité d'un gouvernement ou d'un système contraire à la loi du Coran. De tout temps, « Allah est grand » (*Allahu akbar en arabe*) a représenté le cri de guerre des armées musulmanes. D'ailleurs, l'hymne égyptien commence par une triple répétition de celui-ci. En conséquence, les morts au cours d'une guerre sainte sont traités en martyrs, en héros et comme des exemples.

Disons-le tout net, il s'agit là d'une idéologie manipulatrice où l'hypocrisie est permanente. Ainsi, peu importe que l'adepte entretienne ou non une foi sincère, il y a lieu qu'il suive strictement la loi du Coran et, par là, qu'il s'efforce de plaire à Allah. Il doit le faire à la manière énoncée par les rédacteurs de ce livre.

Les cinq prières par jour représentent l'essentiel de la liturgie de cette religion, lesquelles sont précédées d'ablutions – majeures ou mineures – suivant les impuretés contractées depuis la prière précédente. Concernant les inclinaisons du corps et les prosternations durant celle-ci, elles étaient courantes chez les anciens chrétiens. D'ailleurs, elles font encore partie du rituel dans certains couvents.

Le mois de Ramadan, dont le début est déterminé par l'apparition de la nouvelle lune et qui est donc d'une durée variable, impacte la vie publique et le mode d'existence des croyants. Il consiste à ne prendre ni nourriture, ni boisson depuis cette apparition lunaire jusqu'au coucher du soleil, heure où les interdits cessent. L'historien Philip Jenkins rapproche cette pratique de la discipline stricte du carême des églises syriaques.

Le ramadan n'est en rien un jeûne que le croyant accomplit dans un but spirituel. C'est une contrainte que Mahomet imposa de son vivant. Concernant l'Écriture chrétienne, elle laisse à chacun le choix ou non de souscrire à cette pratique du jeûne en présentant l'abstinence alimentaire comme le moyen de favoriser l'échange avec la Lumière Divine.

L'islam n'a ni sacerdoce ni clergé, au sens d'une hiérarchie disposant de pouvoirs sacramentels, mais un personnel spécialisé : savants (*oulémas*), juristes (*fuqahâ*), chefs de la prière (*imams*), juges (*qâdis*) ; par conséquent, en l'absence d'un imam, n'importe quel musulman compétent peut officier lors des prières dans les mosquées. La « zakat » (*aumône légale*) représente le troisième pilier de l'islam. Il s'agit d'un impôt payé par le musulman et destinée à alimenter un fonds de bienfaisance ou à couvrir certaines dépenses d'intérêts publics. Il convient de préciser que le fonds de secours ne peut être employé qu'au profit de nécessiteux de religion musulmane ou de personnes que l'on cherche à attirer vers l'islam. Peu de pays musulmans ont conservé cette obligation. Quant aux fondamentalistes, ils réclament son rétablissement en arguant que le Coran contient plus de quatre-vingts versets sur la nécessité de s'acquitter de la « zakât ».

À côté de ces prescriptions juridiques de base, le Coran contient une législation particulière sur la guerre légale, appelée aussi guerre sainte (*ou djihad*) : sort réservé aux vaincus, règles du butin, etc. Un musulman peut ainsi en appeler à nombre de textes en cas de besoin tant cette communauté a été marquée, depuis le début, par le combat. Combattre est donc devenu un devoir pour le croyant : de manière offensive contre un peuple refusant de se convertir ou défensive pour riposter à une attaque, récupérer des droits spoliés, protéger la propagande religieuse, voire les droits de minorités opprimées. Le « djihad » a vocation à accomplir le rêve de Mahomet, c'est-à-dire permettre l'extension de l'islam et de son règne en ce monde ou, en d'autres termes, soumettre le monde à la loi islamique.

Le statut personnel du musulman est soigneusement défini. En matière de mariage, par exemple, l'homme peut avoir jusqu'à quatre épouses. S'il lui est interdit d'épouser une athée, il peut prendre, par contre, une juive ou une chrétienne pour femme. Les enfants, nés de cette union, sont obligatoirement de religion musulmane. Une musulmane n'a le droit, pour sa part, que d'épouser un musulman de souche ou converti. Le divorce obéit par contre à une réglementation très stricte.

En terre d'islam, Allah accorde aux hommes la suprématie sur les femmes :

« *Les hommes ont autorité sur les femmes, en raison des faveurs qu'Allah accorde à ceux-là sur celles-ci, et aussi à cause des dépenses qu'ils font de leurs biens. Les femmes vertueuses sont obéissantes (à leurs maris), et protègent ce qui doit être protégé, pendant l'absence de leurs époux, avec la protection d'Allah. Et quant à celles dont vous craignez la désobéissance, exhortez-les, éloignez-vous d'elles dans leurs lits et frappez-les. Si elles arrivent à vous obéir, alors ne cherchez plus de voie contre elles, car Allah est certes, Haut et Grand !* » (sourate 4 au verset 34).

Ce verset est l'un de ceux qui incitent l'homme à ne pas voir la femme comme son égal. Il est aussi appelé à faire preuve de vigilance, à voir en elle une éventuelle tentatrice susceptible de l'éloigner de la voie droite d'Allah.

« *On a enjolivé aux gens l'amour des choses qu'ils désirent : femmes, enfants, trésors thésaurisés d'or et d'argent, chevaux marqués, bétail et champs ; tout cela est l'objet de jouissance pour la vie présente, alors que c'est près d'Allah qu'il y a bon retour* » (sourate 3 au verset 14).

Forcée de se soumettre à son mari, la femme est réduite au rôle d'objet de désir et bonne seulement à procréer. Ce machisme renvoie aux pratiques des peuplades antiques.

Dans un État islamique, le non musulman – juif, chrétien ou autre – a le statut de « dhimmi ». Cela l'oblige à s'acquitter de deux impôts (*jizya et kharâj*), en échange desquels il bénéficie d'une liberté de culte restreinte. En tout état de cause, il se trouve privé d'une vraie capacité juridique et, donc, contraint d'accepter une situation discriminante.

Le musulman est tenu de respecter une série d'interdits alimentaires : prohibition de toute viande non saignée, de viandes sacrifiées à d'autres qu'Allah, de la chair de porc, des boissons alcoolisées. Les peines prévues sont la main coupée pour l'adultère ou le vol, le fouet pour l'alcool, la peine de mort pour l'apostasie notamment ; cette dernière est considérée comme une trahison de l'islam et une atteinte à la pérennité de la « oumma » islamique (*communauté islamique*)

Cette religion ne fait pas référence au péché originel. Avec l'aide d'Allah, le musulman est en mesure de tenir tête aux forces du mal ou, autrement dit, à Satan. Il n'est guère malsain de rechercher, à la fois, les biens de ce monde et ceux de l'autre (avec une priorité pour ceux de l'au-delà). Par contre, elle enseigne la loi du talion plutôt que la beauté du pardon. Les mosquées et autres « madrassa » (*école coranique*) ont pour rôle d'éduquer aux préceptes coraniques, aux hadiths, au devoir envers Allah.

Une majorité de quatre-vingt-dix pour cent de musulmans est sunnite, c'est-à-dire attachée à la tradition et une minorité de dix pour cent est affiliée, quant à elle, à d'autres mouvances dont la plus importante est le chiisme où l'on retrouve les partisans d'Ali et gendre du Prophète. À noter que les différentes branches de l'islam ne souscrivent pas *stricto sensu* à la même interprétation de l'islam.

Ainsi le sunnisme prohibe la représentation de tout être ayant une âme et, plus encore, de Mahomet, laquelle est qualifiée de blasphématoire. Au dix-huitième siècle, Mohammed ben Abdelwahhab, le fondateur du wahhabisme et prédicateur du Nejd dans le centre de l'Arabie, prônait le retour à l'islam des origines et, ainsi, à un strict iconoclasme. Certains courants sunnites préfèrent adopter une attitude moins drastique. Il en est de même des chiites duodécimains (*groupe des chiites qui croient en l'existence des douze imams*) qui ont une perception différente de l'image. En Iran, l'affichage de grands portraits était courant à la fin du vingtième siècle. Des artistes y ont proposé des illustrations pieuses de Mahomet en majesté ou adolescent qui connurent une certaine diffusion après les années 1990. Dans ce pays, il n'est donc pas rare de voir des représentations iconiques des martyres Hussein et Ali ou des grands ayatollahs, voire des caricatures de responsables politiques et religieux.

En définitive, la législation coranique déresponsabilise et chosifie les individus. D'ailleurs, le taux des maladies psychiatriques graves et des suicides est environ dix fois plus élevé dans les pays islamiques qu'en Occident.

Les dignitaires musulmans prétendent que les subtilités du Coran ne sont compréhensibles que dans la langue d'origine, à savoir l'arabe … une façon de faire valoir la supériorité de celle-ci. En affirmant, d'autre part, qu'Allah en a dicté les versets directement dans ce langage, ils cherchent à sanctifier l'arabe. En tout état de cause, le Coran des origines a été rédigé dans un arabe ancien qui n'est plus parlé de nos jours. Ces prétendues subtilités, incompréhensibles par le non-musulman, visent à entourer ce livre d'une profondeur qu'il ne possède pas. En le lisant avec un esprit analytique et lucide, on mesure le danger qui menace l'Occident.

Les deux faces de l'islam correspondent aux deux comportements de Mahomet lors de la fondation de celui-ci : le premier à La Mecque et le second à Médine.

C'est à La Mecque, en l'an 610 après JC, que Mahomet aurait pris la décision de créer un courant qu'il présenta alors sous le jour d'une religion de paix et d'amour. Dans la sourate 73 au verset 10 « *Et endure ce qu'ils disent ; et écarte-toi d'eux d'une façon convenable* », il déclare qu'Allah l'induit à demeurer conciliant envers ses contradicteurs et ses adversaires. De même, dans la sourate 2 au verset 256 « *Nulle autre contrainte en religion ! Car le bon chemin s'est distingué de l'égarement. Donc, quiconque mécroit au Rebelle tandis qu'il croit en Allah saisit l'anse la plus solide, qui ne peut se briser. Et Allah est Audient et Omniscient* », il sous-entend qu'une religion ne peut être imposée par la force. Puis dans la sourate 29 au verset 46 « *Et ne discutez que de la meilleure façon avec les gens du Livre (ici les chrétiens et les juifs) sauf ceux d'entre eux qui sont injustes. Et dites : Nous croyons en ce qu'on a fait descendre vers nous et descendre vers vous, tandis que notre Dieu et votre Dieu est le même, et c'est à Lui que nous nous soumettons* », il s'adresse aux chrétiens et aux juifs de manière aimable. La sourate 29 au verset 49 précise qui sont les injustes : « *Et seuls les injustes renient nos versets* ». Le verset 47 les qualifie de mécréants : « *Seuls les mécréants renient nos versets* ».

En réalité, il s'agit d'une fausse tolérance ; vu qu'il est clairement signifié qu'Allah a la précellence sur le Dieu des chrétiens ou des juifs.

À Médine, en l'an 622 après JC, Mahomet endossa l'habit du guerrier impitoyable. La sourate 2 au verset 191 montre ce revirement guerrier : « *Et tuez-les, où que vous les rencontriez ; et chassez-les d'où ils vous ont chassés : l'association est plus grave que le meurtre. Mais ne les combattez pas près de la Mosquée sacrée avant qu'ils ne vous y aient combattus. S'ils vous y combattent, tuez-les donc. Telle est la rétribution des mécréants* ». Par la sourate 2 au verset 193, nous avons la confirmation que les injustes sont bien les négateurs des versets du Coran : « *Et combattez-les jusqu'à ce qu'il n'y ait plus d'association et que la religion soit entièrement à Allah seul. S'ils cessent, donc plus d'hostilités, sauf contre les injustes* ». Allah ordonne ici de tuer ceux qui rejettent l'islam, car il est ce chemin que le vrai croyant (*ou musulman*) doit suivre.

La défense de l'islam est une cause sacrée que le fidèle se doit d'accomplir via les armes si nécessaire. Dans la sourate 9 au verset 29 :

« *Combattez ceux qui ne croient ni en Allah ni au Jour dernier, qui n'interdisent pas ce qu'Allah et Son messager ont interdit et qui ne professent pas la religion de la vérité, parmi ceux qui ont reçu le Livre, jusqu'à ce qu'ils versent la capitation par leurs propres mains, après s'être humiliés* »

et au verset 30 :

« *Les Juifs disent : "Uzayr est fils d'Allah" et les Chrétiens disent : "Le Christ est fils d'Allah". Telle est leur parole provenant de leurs bouches. Ils imitent le dire des mécréants avant eux. Qu'Allah les anéantisse ! Comment s'écartent-ils (de la vérité) ?* ».

Allah commande de combattre les gens du Livre (*c'est-à-dire les chrétiens et les juifs*). Ces versets, comme beaucoup d'autres, sont une suite d'injonctions intolérantes envers les mécréants. Le Coran appelle constamment le croyant à se montrer digne d'Allah et, partant, à éliminer tous ces gens qui refusent de se conformer à la loi islamique. Ils sont perçus, en outre, comme un risque de corruption pour les pieux.

La sourate 9 au verset 14 insiste ainsi :

« Combattez-les. Allah, par vos mains, les châtiera, les couvrira d'ignominie, vous donnera la victoire sur eux et guérira les poitrines d'un peuple croyant ». Au verset 123, Allah se montre on ne peut plus intransigeant : « Ô vous qui croyez ! Combattez ceux des mécréants qui sont près de vous ; et qu'ils trouvent de la dureté en vous. Et sachez qu'Allah est avec les pieux ».

Une attitude que la sourate 8 au verset 65 confirme :

« Ô Prophète, incite les croyants au combat. S'il se trouve parmi vous vingt endurants, ils vaincront deux cent ; et s'il s'en trouve cent, ils vaincront mille mécréants, car ce sont vraiment des gens qui ne comprennent pas ».

L'homme de foi est invité à ne pas se décourager. Peu importe la mort si elle sert la cause islamiste. Le Coran promet au martyr une grande récompense au Paradis. À l'évidence, ceux qui s'opposent à la vérité de l'islam ne sont que de pauvres imbéciles, des individus qui n'ont pas conscience de la précarité de leur petit pouvoir sur Terre. D'ailleurs, fort du soutien d'Allah, le musulman ne peut que triompher.

Chapitre 2

Le livre de la doctrine islamique

Le Coran

Le Coran est la source du dogme et de la prière, la base de toute la liturgie, le code juridique et, en final, la référence suprême. Les dignitaires y recourent en cas de contestation et les croyants voient le monde et leur avenir à travers lui.

La tradition fait naître celui-ci à La Mecque et à Médine. Or certains linguistes attestent que l'écriture du septième siècle à La Mecque et à Médine était de type sud-arabique. Ainsi le Coran n'a pas pu être écrit en arabe ancien – un langage en usage au nord de la Syrie, truffé de double sens – et, de fait, naître à La Mecque ou à Médine.

Par conséquent, en l'absence de textes écrits en langue sud-arabique, il convient de rechercher le lieu de naissance de ce livre dans une région où la langue parlée était l'arabe et de culture écrite araméenne. Une situation qui prévalait en Arabie Pétrée (*ville construite dans la roche rouge et sise au sud de l'actuelle Jordanie*).

Le mot coran viendrait du syriaque « queryâna », désignant la lecture faite au cours d'un office religieux ou « qorono », un terme qui indiquait un florilège chrétien d'extraits bibliques destiné à la lecture publique. Ce pourrait être aussi « qara », verbe hébreu ayant le sens de crier, lire ou réciter en public (*un point déjà abordé, en partie, dans le chapitre précédent*). Cela correspondait, d'ailleurs, à l'usage que les musulmans faisaient de ce livre, à savoir des lectures journalières.

Les fidèles croient fermement que « l'Umm Al-Kitab » (*signifiant littéralement "la Mère du Livre"*) est conservé sur une tablette du Ciel ; ce que stipule la sourate 85 aux versets 21 et 22 :

*« Mais c'est plutôt un coran glorifié
Préservé sur une tablette (sous-entendu auprès d'Allah) ».*

ou dans la sourate 12 au verset 111 :

« Dans leurs récits il y a certes une leçon pour les gens doués d'intelligence. Ce n'est point là un récit fabriqué. C'est au contraire la confirmation de ce qui existait déjà avant lui, un exposé détaillé de toute chose, un guide et une miséricorde pour des gens qui croient ».

La tradition musulmane rapporte que la descente (*tanzil en arabe*) du Coran aurait eu lieu d'un trait pendant la nuit du destin comme écrit dans la sourate 2 au verset 185 :

« Le Coran a été révélé durant le mois de Ramadan. C'est une direction pour les hommes ; une manifestation claire de la direction et de la loi ».

L'adepte de l'islam est convaincu qu'il s'agit d'un livre incréé, inimitable, intraduisible et qu'Allah l'a transmis en arabe. Cela rend son contenu indiscutable ; puisque nul n'est en droit d'ergoter sur ce qui vient d'Allah. Pour mieux signifier que Mahomet ne peut être l'auteur de ce bréviaire, la tradition le déclare illettré. La sourate 7 aux versets 156 et 158 dit :

« Ceux qui suivent le Messager, le Prophète illettré … » « … Croyez donc en Allah, en Son messager, le Prophète illettré qui croit en Allah et en Ses paroles … ».

Puis le Coran nous enseigne, via un autre verset, que Mahomet savait lire :

« *Et quand tu (Mahomet) lis le coran, Nous plaçons, entre toi et ceux qui ne croient pas en l'au-delà, un voile invisible* » (sourate 17 au verset 45).

ou :

« *(Nous avons fait descendre) un Coran que Nous avons fragmenté, pour que tu (Mahomet) le lises lentement aux gens. Et Nous l'avons fait descendre graduellement* » (sourate 17 au verset 106).

D'autres versets montrent, de même, que cet homme n'était point en réalité analphabète.

Le Coran est constitué de 114 sourates divisées en 6236 versets ordonnés par ordre décroissant de longueur – et non de façon rationnelle et chronologique – par le troisième calife Otman.

Celui-ci détruisit les feuillets d'origine et imposa ceux rédigés de sa main, compliquant donc la compréhension de la genèse de ce livre. Aussi le travail des chercheurs a-t-il été de reconstituer le texte en le dotant d'une chronologie. On y trouve deux parties : la période mecquoise (*la vie du Prophète à La Mecque pendant treize ans*) et la période médinoise (*le séjour de dix ans de celui-ci à Médine*). La première sourate « Al Fâtiha » (*l'ouvrante*) est une prière de louange à Allah. Tout bon musulman la connaît par cœur. Elle est récitée durant la prière rituelle et dans les grandes circonstances de la vie personnelle ou communautaire. À noter que des versets en abrogent d'autres, sans la moindre mention, et nombre de passages restent obscurs. On ne sait ni où, ni quand se déroulent les récits ou allusions, les personnages ne sont pas présentés. On repère également des incohérences au niveau de la description des lieux, des paysages, de la végétation, lesquels n'existaient pas à l'endroit supposé de la narration ; comme si les rédacteurs avaient adapté un texte existant à une situation romanesque. De surcroît, la pléthore de fautes linguistiques et stylistiques, d'expressions ambiguës et de mots aux sens multiples rend certains passages très confus. Il en est aussi qui revêtent un caractère on ne peut plus fantasque, tel le voyage nocturne de Mahomet au cours d'un rêve où une jument l'aurait porté vers la Mosquée sacrée, dite sise à Jérusalem. De l'avis de plusieurs historiens, il n'y avait pas de mosquée à Jérusalem à l'époque du Prophète. La mosquée « al-Aqsa », dont le nom reprend la désignation coranique, a été construite bien plus tard.

Les spécialistes ne cessent d'explorer ces anomalies, de tenter d'approfondir les textes, leurs objectifs ; car, au-delà d'un texte se voulant unique et harmonieux, on décèle plusieurs textes.

Les linguistes ont déduit l'existence de strates de lectures, la première étant un texte sans voyelle proche du syriaque et de l'hébreu ancien. Ainsi le Coran aurait été écrit et réécrit par plusieurs intervenants.

Suite à une étude minutieuse de trente ans, Hanna Zakarias[19] déclare que Mahomet n'est pas l'auteur du Coran. Selon lui, il est l'œuvre d'un moine judéo-chrétien appartenant à la communauté ébionite. Les juifs ébionites niaient la divinité de Jésus-Christ auquel ils accordaient, néanmoins, les statuts de prophète et de Messie. Ils accusaient aussi les chrétiens de la gentilité (*c'est-à-dire de Rome*) d'avoir renié la Loi de Moïse ou Thora.

Ces derniers cherchaient, à l'époque, à ruiner la foi des Arabes en Jésus-Christ et en La Trinité, laquelle était louée par les chrétiens arabes. L'inspirateur ébionite de la base du Coran la réfuta ainsi :

---

[19] Moine dominicain, dont le vrai nom était Gabriel Théry, qui écrivait sous le pseudonyme de Hanna Zakarias

« *Vous qui avez reçu les Écritures, ne dites pas : il y a une Trinité. Car Dieu est unique, gloire à Lui* ».

Le père Bertuel a confirmé les travaux de Zakarias ; quoique cette hypothèse – qui ne tenait pas compte des études antérieures sur le sujet – soit abandonnée aujourd'hui au profit de recherches mieux étayées. Il convient cependant de louer le courage de ce précurseur de la critique de l'islam ; vu qu'il a suscité le désir d'autres chercheurs d'aller plus loin.

Jacqueline Chabbi *(historienne, elle est l'auteur, entre autres, du livre intitulé* « *Le coran décrypté : Figures bibliques en Arabie* », paru aux éditions Fayard soutient, pour sa part, que l'écriture du Coran a eu lieu de manière tardive et que le courant mahométan a basculé dans un autre monde lors de l'empire des Ommeyades (661 à 750).

Elle ajoute qu'il a été conçu à partir de fragments divers et avec une logique impérialiste.

La thèse du professeur Patricia Crone *(spécialiste américaine réputée de l'histoire de l'islam)*, en 1977, *(synthèse des travaux antérieurs et des découvertes récentes, principalement en matière d'archéologie)* donne enfin une explication plausible des événements qui se déroulèrent au Proche-Orient à partir de 614 *(date de la prise de Jérusalem par les Perses)*.

Ce savant a définitivement établi :
- que l'islam n'est pas né dans le Hedjaz *(nord-ouest de la péninsule arabique)*, mais en Syrie ;
- que le Coran n'est pas un texte du septième siècle ;
- que le Mahomet historique n'a rien à voir avec le personnage dépeint par la « sîra » *(biographie de Mahomet)* ;

Les études du professeur Patricia Crone ont tracé de nouvelles pistes que d'autres érudits ont poursuivies. Ainsi, fort de sa connaissance de l'arabe et de la psalmodie, Antoine Moussali (*auteur de plusieurs livres sur l'islam dont* « *Judaïsme, christianisme, islam* »), a identifié de son côté des ajouts tardifs au niveau d'importantes sourates et permis de nouvelles interprétations. Un travail indispensable avant toute traduction définitive. Jusqu'alors, la plupart des islamologues faisaient confiance au texte officiel. Le Professeur Moussali a clairement démontré que le document d'origine est un lectionnaire, traduit de l'araméen en arabe dans les années 610-630, lequel était en usage dans cette secte dont j'ai déjà parlé et que j'évoquerai à nouveau ultérieurement. À ce livre primitif, les premiers califes ajoutèrent une compilation d'écrits en arabe, puis, suite à une série de remaniements, ils aboutirent à un ouvrage plus complet.

D'autres chercheurs se sont attachés à des points historiques. Parmi eux, citons Ray A. Pritz (*auteur de* « *Nazarene Jewish Christianity* »), un scientifique qui s'est concentré sur les judéo-nazaréens, et Alfred-Louis de Prémare pour son étude sur l'élaboration du corpus coranique aux septième et huitième siècles. On regrettera néanmoins la retenue de ce dernier à opérer une critique objective des dires officiels au sujet de Mahomet.

Edouard-Marie Gallez a procédé, quant à lui, à une vraie synthèse de toutes ces études. Sa thèse « *Du messianisme nazaréen au prophétisme islamique* », qui a été publiée en juillet 2005 sous le titre « *Le Messie et son prophète. Aux origines de l'islam* », atteste que le Coran est un livre écrit sur une période de deux cents ans et que ce n'est que cent cinquante ans après sa mort que l'histoire de Mahomet y a été ajoutée. Il dénonce les théories visant à défendre la vérité d'un Coran incréé ; car, pour lui, l'islam n'est pas une religion basée sur les révélations d'un prophète inspiré, mais une idéologie politique. Il précise que ses concepteurs l'ont présenté ainsi pour tirer avantage du fait que la religion, en général, détient un pouvoir sur les esprits.

Le théologien allemand Günter Lüling (*théologien, islamologue, philosophe et philologue allemand*) a présenté une étude très détaillée du Coran. Il en est arrivé à la conclusion que le cœur de ce livre est constitué d'anciens poèmes chrétiens arabes auxquels Mahomet donna une nouvelle signification. Un corpus qui constitua le Coran d'origine. Les premières publications de Lüling sur le sujet datent de 1970. Ses observations, que les théologiens et autres orientalistes rejetèrent au début, ont gagné en crédibilité de nos jours.

La version finale du Coran, censée être celle d'Otman, a été fixée au Caire en 1923, c'est-à-dire mille trois cents ans après la mort de Mahomet. Certes, à cause des nombreux rajouts et explications, la compréhension de ce livre n'est pas aisée.

L'élaboration du Coran primitif s'est déroulée dans un contexte judéo-chrétien tourmenté où cohabitaient une foule de sectes et de courants. Les recherches actuelles penchent pour une origine nazaréenne de l'islam, une synthèse du judaïsme et du christianisme dans une optique messianique.

La vive opposition entre les judéo-nazaréens et les juifs traditionnels explique le caractère anti-juif du Coran. Les premiers prophétisaient le retour imminent de Jésus sur Terre, persuadés que Dieu le gardait en Son giron jusqu'à l'heure dernière. La révolte juive de 70 confirma leur intuition ; en effet, la destruction du temple de Jérusalem accomplissait la prédiction de Jésus : « *Détruisez ce temple, je le relèverai* » Partant, les judéo-nazaréens croyaient qu'il suffisait de reconstruire le temple pour faire revenir leur Sauveur. Il s'agissait, pour eux, d'une perspective politique de reconquête du monde. On retrouve la trace de ces gens dans toute la région sous diverses appellations :

les Nusayri (*famille Alaouite*), les Ismaéliens Nizarite, les « hérétiques Nasaraioi » (*réfugiés en Syrie*). Ils faisaient en outre une interprétation des Évangiles qui contrariait les autorités chrétiennes ; puisque la chrétienté était devenue sous Constantin religion d'État à partir du quatrième siècle. Traités d'hérétiques, ils s'employèrent à construire un discours opposé à la chrétienté traditionnelle conduite par Paul. Pendant toute cette période, le Moyen-Orient demeura dominé par les grandes puissances : romaine, perse, byzantine. Réalisant qu'ils ne pourraient reprendre Jérusalem sans le soutien d'une armée, les judéo-nazaréens se tournèrent vers les Arabes ... un peuple de Bédouins réputé pour son opportunisme et redouté pour ses razzias brutales et imprévisibles. Afin de les endoctriner, via l'espérance d'un monde meilleur, ils créèrent un lectionnaire en langue arabe, lequel reprenait la liturgie chrétienne. Les linguistes confirment cette hypothèse d'un texte constitutif de la première strate du Coran ; vu que celui-ci est écrit en syro-araméen, la langue des judéo-nazaréens. Ces derniers eurent aussi l'intelligence d'établir une généalogie commune entre juifs et arabes. Ainsi Ismaël, le deuxième fils d'Abraham, en devint le chaînon manquant. Honorés d'intégrer le livre des prophètes, les Arabes se convertirent en nombre au judéo-nazaréisme et restèrent dans l'attente ensuite d'un retour à Jérusalem en vue de reconstruire le temple. L'occasion se présenta en 614 lorsque le général perse Romizares reprit Jérusalem aux Byzantins. L'histoire rapporte que des troupes arabes participèrent à l'expédition sans obtenir de Romizares l'autorisation de reconstruire le temple. Un événement qui mit les nazaréens en mauvaise posture. D'autant que l'empereur byzantin Héraclius s'empara derechef de Jérusalem, obligeant ces derniers à fuir vers Médine. Le Coran a transformé cette fuite par un départ de La Mecque vers Médine (*appelé hégire*). C'est en 629 que Mahomet – devenu entre-temps chef de guerre – entreprit la reprise de Jérusalem en passant par le Jourdain ; or il fut défait à Mu'tah. Des chroniques de l'époque décrivent cette bataille. En état de siège, Jérusalem ne tombera finalement qu'en 636 après que l'évêque de la ville ait ouvert les portes de cette dernière aux forces arabes. La tradition musulmane décrit la scène ainsi : « *Le calife Omar, maître de la ville, fit déblayer l'esplanade du Temple, devenue un dépôt d'immondices, et offrit un sacrifice en compagnie de ses alliés judéo-nazaréens pour faire revenir le Messie* ». Alfred-Louis de Prémare a retrouvé des témoignages de l'époque qui nous apprennent qu'un temple, moins fastueux que celui d'Hérode, fut reconstruit sur l'esplanade. Après de grandes incantations ou prières, et le Christ ne se manifestant pas, les Quraychites et les Ghassanides décidèrent sûrement de chasser leurs mentors judéo-nazaréens. Ils conservèrent toutefois leur lectionnaire, le faisant réécrire, afin de concurrencer la Bible et les Évangiles. Dans ce texte réaménagé, les judéo-nazaréens devinrent les juifs, Jérusalem devint La Mecque, le lectionnaire nazaréen devint le Coran et Mahomet devint le Prophète. Dès lors, l'islam conquit la Perse et le bassin méditerranéen.

Nombre d'indications du Coran et d'autres textes majeurs, tels la « sunna » et la « sîra » décrédibilisent les révélations de Mahomet à La Mecque. De l'avis des historiens, les descriptions climatiques, géologiques, géographiques et topographiques ne correspondent pas à La Mecque, mais parfaitement à Pétra en Jordanie. Pour d'autres chercheurs, les événements décrits se sont déroulés en Syrie, lieu de la rédaction des premières sourates.

De surcroît, La Mecque aurait été au mieux un village ne se situant pas sur la route des caravanes. Un élément qui joue un grand rôle dans les récits islamiques. Les premiers vestiges archéologiques et la mention de ce lieu sur une carte géographique dateraient de l'an 900. De même, on ne trouve aucune trace, dans cette ville, des trois déesses citées par plusieurs versets dont la présence est attestée par contre en Jordanie, en Syrie et dans le nord-ouest de l'Arabie saoudite.

Selon Patricia Crone, la littérature grecque, latine, syriaque, araméenne, copte, ou extérieure à l'Arabie de l'époque antérieure aux conquêtes, ne cite jamais La Mecque. Cette islamologue relève, par ailleurs, que les révélations mecquoises font mention de l'interdiction de la consommation de porc ; alors que cet animal n'existait pas dans la région au septième siècle. Elle en conclut que ces sourates ont été rédigées soit en Palestine soit en Jordanie, des endroits où on trouve trace de ce dernier.

Le Coran est un livre à deux faces. La partie servant au prosélytisme, donc pacifique, a été conçue avec des versets copiés sur la Bible, voire sur des livres d'autres religions (*les califes auraient, en effet, exploré d'autres traditions religieuses lors de sa conception*). Quant à l'autre partie, elle s'avère très agressive envers les infidèles ... appelés aussi les mécréants.

La tradition islamiste le déclarant incréé, nulle traduction ne saurait en refléter l'origine authentique. Il s'infère de ceci que le non-musulman n'est pas en capacité d'en comprendre le sens. « *Son rassemblement dans ton cœur et sa fixation dans ta mémoire Nous incombent (Allah), ainsi que la façon de le réciter. Quand donc Nous le récitons, suis sa récitation. À Nous, ensuite incombera son explication* », dit la sourate 75 aux versets 17 à 19. Les oulémas[20] arguent, quant à eux, que celui écrit en arabe est plus beau et très différent des traductions en d'autres langues. Ils prétendent de même que le sens en est faussé, hors du contexte musulman ou historique. Ils ajoutent que les négateurs le déforment, de façon délibérée, pour nuire à l'islam. En réalité, nombre de versets du Coran n'appellent guère à l'amour, à la compassion ou à la charité. Ils présentent Allah sous le jour d'un patriarche autoritaire et sans cesse prêt à punir les insoumis. Comme stipulé dans les versets 17 à 19 (*cités plus haut*), le musulman doit réciter les injonctions

---

[20] Un ouléma est un théologien sunnite de l'islam. Chez les chiites, il est appelé mollah

par cœur et, ainsi, sans chercher à les analyser. Il s'astreint, ce faisant, à une soumission aveugle.

Par le biais de la technique de l'abrogation, les rédacteurs du Coran ont cherché à brouiller les cartes et à créer l'ambiguïté. De manière étrange, les versets tolérants ont été abrogés par des versets violents. La sourate 2 au verset 106 justifie cette abrogation de la manière suivante :

« *Tout verset que nous abrogeons (Allah), nous le remplaçons aussitôt par un autre verset meilleur ou équivalent. Ne sais-tu pas qu'Allah peut toute chose ?* »

Quant à moi, je précise que, fort de Son inégalable Perfection, le Tout-Puissant n'en vient pas à remettre en cause ce qu'Il crée ou ce qu'Il établit.

Le Coran ne faisant jamais référence aux dix commandements, les recommandations de Dieu à Moïse ont totalement échappé à Mahomet et aux califes rédacteurs après lui. Or comment un livre écrit de la main même de Dieu peut-il faire abstraction de ces observances cruciales ?

Les conceptions chrétienne et musulmane de la révélation sont très différentes. Pour le chrétien, Dieu s'est révélé dans la personne de Son fils Unique Jésus-Christ ; ce dont témoignent les Évangiles. Pour les musulmans, en revanche, la révélation de Mahomet est parole divine. Ces derniers arguent en outre qu'un Évangile écrit sous quatre formes différentes est forcément dénué de vérité. Aussi reprochent-ils aux chrétiens de prendre ces textes pour acquis et de ne pas reconnaître que le Coran, œuvre d'Allah, est l'Écriture suprême.

Les prescriptions intolérantes et violentes inscrites dans la charia (*loi islamique*) contredisent le caractère incréé de ce livre.

Encore une fois, comment le Dieu d'Amour aurait-il pu les dicter ? Celui qui ouvre les yeux avec un cœur empli d'humanité et d'amour pour ses semblables (*même s'il est né musulman*) ne peut que désapprouver de tels principes sectaires et rigides. Naturellement, revoir le Coran, l'émonder de tout ce qui contrevient à l'amour, à la charité, à l'humanité reviendrait à fabriquer une autre Écriture et, en définitive, une religion qui ne serait plus l'islam. À quoi bon d'ailleurs, puisque le Nouveau Testament appelle déjà l'homme à suivre un chemin d'Amour, de paix, de fraternité. Pourquoi chercher à refaire ce qui existe et que le Seigneur Jésus-Christ avait déjà enseigné longtemps avant la création de l'islam.

L'ensemble des paroles et des actes du Prophète (*ou hadiths*) ont été influencés par les dissensions politiques qui éclatèrent au sein de la communauté islamique après sa mort. Partant, il fut compliqué ensuite de distinguer le vrai du faux. Classé en trois catégories – saints (*sahih*), faibles (*dahif*) ou malades (*saqim*) –, ce recueil a été majoritairement rédigé deux siècles après la disparition de Mahomet. Certes, l'imaginaire a comblé les nombreuses lacunes concernant sa vie. Si une majorité de musulmans font grandement référence aux « hadiths », le fait que certains d'entre eux soient rejetés par quelques mouvances musulmanes rend les dires de Mahomet critiquables.

La sourate 33 au verset 40 dit de Mahomet qu'il est le dernier messager :

« *Muhammad n'a jamais été le père de l'un de vos hommes, mais le messager d'Allah et le dernier des prophètes. Allah est Omniscient* ».

Un statut de messager qui lui a été conféré *post mortem* par les rédacteurs du Coran, lesquels avaient pour souci de donner un caractère universel à cette religion.

Concernant les chiites, ils font référence – outre le Coran et les hadiths – à une troisième source, à savoir la tradition des saints imams. Selon eux, les paroles et les directives de ces bénis d'Allah sont de même valeur que la révélation coranique ou la tradition prophétique. Ils considèrent que l'imam continue et achève la personnalité du Prophète.

Nombre de musulmans d'Occident tentent d'occulter la partie intolérante du Coran. Des sourates où les infidèles sont considérés comme les corrupteurs du monde.

« *Ô vous à qui on a donné le Livre, croyez à ce que Nous avons fait descendre, en confirmation de ce que vous aviez déjà, avant que Nous effacions des visages et les retournions sens devant derrière, ou que Nous les maudissions comme Nous avons maudit les gens du Sabbat. Car le commandement d'Allah est toujours exécuté* », sourate 4, verset 47.

« *Ceux qui rompent le pacte qu'ils avaient fermement conclu avec Allah, coupent ce qu'Allah a ordonné d'unir, et sèment la corruption sur la terre. Ceux-là sont les vrais perdants* », sourate 2, verset 27.

« *Qu'avez-vous à vous diviser en deux factions au sujet des hypocrites ? Alors qu'Allah les a refoulés (dans leur infidélité) pour ce qu'ils ont acquis. Voulez-vous guider ceux qu'Allah égare ? Et quiconque Allah égare, tu ne lui trouveras pas de chemin (pour le ramener)* », sourate 4, verset 88.

« *Vous en trouverez d'autres qui cherchent à avoir votre confiance, et en même temps la confiance de leur propre tribu. Toutes les fois qu'on les pousse vers l'Association, (l'idolâtrie) ils y retombent en masse. (Par conséquent,) s'ils ne restent pas neutres à votre égard, ne vous offrent pas la paix et ne retiennent pas leurs mains, alors saisissez-les et tuez-les où que vous les trouviez. Contre ceux-ci, Nous vous avons donné autorité manifeste* », sourate 4, verset 91.

Le coran maudit, en réalité, la foi chrétienne :

« *Certes Allah ne pardonne pas qu'on Lui donne quelque associé. À part cela, Il pardonne à qui Il veut. Mais quiconque donne à Allah quelque associé commet un énorme péché* », sourate 4, verset 48.

« *Ô gens du Livre (les chrétiens), n'exagérez pas dans votre religion, et ne dites d'Allah que la vérité. Le Messie Jésus, fils de Marie, n'est qu'un Messager d'Allah, Sa parole qu'Il envoya à Marie, et un souffle (de vie) venant de Lui. Croyez donc en Allah et en Ses messagers. Et ne dites pas "Trois". Cessez ! Ce sera meilleur pour vous. Allah n'est qu'un Dieu unique. Il est trop glorieux pour avoir un enfant. C'est à Lui qu'appartient tout ce qui est dans les cieux et sur la terre et Allah suffit comme protecteur* », sourate 4, verset 171.

Pour l'islam, la nature originelle (*fitra en arabe*) de tout être humain est la soumission à Allah. Par cette affirmation, Mahomet a voulu élever l'islam au rang de religion naturelle. Abû Hurayra cite la déclaration suivante : « *Il n'y a pas un enfant qui naisse sans que sa naissance ne soit conforme à la « fitra »* (il s'agit de la religion musulmane en définitive). *Ce sont ses parents qui en font un juif, un chrétien, ou un mage. Tout comme la bête produit une bête saine et entière : la voyez-vous naître l'oreille coupée ?* ». Une allusion aux rituels des Arabes polythéistes, lesquels coupaient l'oreille de leurs bestiaux. Ainsi les musulmans croient que tout enseignement contraire à l'islam est contre-nature et comparable aux rites idolâtres des temps préislamiques.

« *Dirige tout ton être vers la religion exclusivement [pour Allah], telle est la nature qu'Allah a originellement donnée aux hommes – pas de changement à la création d'Allah –. Voilà la religion de droiture ; mais la plupart des gens ne savent pas* », sourate 30, verset 30.

Il est clairement spécifié ici que tout individu naît musulman.

La sainteté du combat revient à maintes reprises dans le Coran :

« *Ô vous qui croyez quand vous rencontrez (l'armée) des mécréants en marche, ne leur tournez point le dos* », sourate 8, verset 15.

« *Quiconque, ce jour-là, leur tourne le dos – à moins que ce soit par tactique de combat, ou pour rallier un autre groupe –, celui-là encourt la colère d'Allah et son refuge sera l'Enfer. Et quelle mauvaise destination !* », sourate 8, verset 16.

Ce bréviaire appelle aussi, et de façon explicite, à une cruelle élimination de tous ceux qui ne suivent pas la voie droite d'Allah :

« *La récompense de ceux qui font la guerre contre Allah et Son messager, et qui s'efforcent de semer la corruption sur la terre, c'est qu'ils soient tués, ou crucifiés, ou que soient coupées leur main et leur jambe opposées, ou qu'ils soient expulsés du pays. Ce sera pour eux l'ignominie ici-bas ; et dans l'au-delà, il y aura pour eux un énorme châtiment* », sourate 5, verset 33.

« *Et Nous y avons prescrit pour eux vie pour vie, œil pour œil, nez pour nez, oreille pour oreille, dent pour dent. Les blessures tombent sous la loi du talion. Après, quiconque y renonce par charité, cela lui vaudra une expiation. Et ceux qui ne jugent pas d'après ce qu'Allah a fait descendre, ceux-là sont des injustes* », sourate 5, verset 45.

À l'évidence, on est loin de l'enseignement plein d'amour de Jésus-Christ (*des conseils qu'il ne faut pas interpréter au pied de la lettre*) :

« *Vous avez appris qu'on vous dit œil pour œil et dent pour dent. Mais moi, je vous dis de ne pas résister au méchant. Si quelqu'un te frappe sur la joue droite, présente-lui aussi l'autre* ».

Ou encore :

« *Si quelqu'un veut plaider contre toi et prendre ta tunique, laisse-lui encore ton manteau ...* ».

À noter que les islamistes criminels justifient leurs actes à partir des versets de la période médinoise durant laquelle l'islam fut imposé par la force :

« *Et ceux les gens du Livre (les chrétiens et les juifs) qui les avaient soutenus (les infidèles), Allah les a fait vraiment descendre de leurs forteresses. Il les a jetés d'effroi dans leurs cœurs ; un groupe d'entre eux vous tuiez et un groupe vous faisiez prisonniers. Et il vous a fait hériter de leurs terres, de leurs biens et, aussi, d'une terre que vous n'aviez point fondée* », sourate 33, versets 26 et 27.

« *Purifiez le territoire des associationistes (les chrétiens)* »
« *Combattez dans le sentier d'Allah ceux qui vous combattent et ne transgressez pas. Certes, Allah n'aime pas les transgresseurs* », sourate 2, verset 190.

« *Et tuez-les où que vous les rencontriez. Chassez-les d'où ils vous ont chassés. L'association est plus grave que le meurtre. Mais ne les combattez pas près de la mosquée sacrée avant qu'ils ne vous y aient combattus. S'ils vous y combattent, tuez-les donc. Telle est la rétribution des mécréants* », sourate 2, verset 191.

« *Combattez ceux qui ne croient ni en Allah ni au Jour dernier, qui n'interdisent pas ce qu'Allah et Son messager ont interdit et qui ne professent pas la religion de la vérité, parmi ceux qui ont reçu le Livre, jusqu'à ce qu'ils versent la capitation par leurs propres mains, après s'être humiliés* », sourate 9, verset 29.

« *Les Juifs disent : "Uzayr est fils d'Allah" et les Chrétiens disent : "Le Christ est fils d'Allah". Telle est leur parole provenant de leurs bouches.*

Ils imitent le dire des mécréants avant eux. Qu'Allah les anéantisse ! Comment s'écartent-ils (de la vérité) ? », sourate 9, verset 30.

« *Et combattez-les jusqu'à ce qu'il n'y ait plus d'association et que la religion soit entièrement à Allah seul. S'ils cessent, donc plus d'hostilités, sauf contre les injustes* », sourate 2, verset 193.

Pour les musulmans, les chrétiens sont de tristes associationistes ou associateurs ; en effet, ils estiment blasphématoire la reconnaissance de la divinité de Jésus-Christ et, donc, de la Trinité ... à l'instar des judéo-nazaréens avant eux.

Le Coran enjoint le fidèle à combattre :

« *Le combat vous a été prescrit alors qu'il vous est désagréable. Or, il se peut que vous ayez de l'aversion pour une chose alors qu'elle vous est un bien. Et il se peut que vous aimiez une chose alors qu'elle vous est mauvaise. C'est Allah qui sait, alors que vous ne savez pas* », sourate 2, verset 216.

Il promet aussi une énorme récompense en contrepartie du sacrifice :

« *Qu'ils combattent dans le sentier d'Allah ceux qui troquent la vie présente contre la vie future. Quiconque combat dans le sentier d'Allah, tué ou vainqueur, nous (Allah) lui donnerons bientôt une énorme récompense* », sourate 4, verset 74.

La récompense du martyr se manifeste finalement via un au-delà où l'attendent des épouses avec lesquelles il convolera *ad vitam aeternam* ... de jeunes vierges aux yeux noirs (*qui seraient au nombre de soixante-douze*) comme le dit la sourate 56 aux versets 35, 36, 37, 38 :

« *C'est Nous qui les avons créées à la perfection,
et Nous les avons faites vierges,*

gracieuses, toutes de même âge,
pour les gens de la droite ».

Le verset suivant met derechef en scène un Allah intransigeant et partial qui ne ressemble en rien au Père Aimant enseigné par Jésus-Christ :

« *Combats donc dans le sentier d'Allah, tu n'es responsable que de toi-même, et incite les croyants (au combat) Allah arrêtera certes la violence des mécréants. Allah est plus redoutable en force et plus sévère en punition* », sourate 4, verset 84.

« *Ô les croyants ! Craignez Allah, cherchez le moyen de vous rapprocher de Lui et luttez pour Sa cause. Peut-être serez-vous de ceux qui réussissent !* », sourate 5, verset 35.

La formule « *pas de contrainte en religion* » est souvent mise en avant pour faire valoir la tolérance de l'islam. En tenant l'anse la plus solide, les musulmans possèdent un avantage sur les infidèles (*sous-entendu les croyants des autres religions*). En réalité, ce verset souligne l'intolérance flagrante de ce système politico-religieux :

« *Nulle contrainte en religion ! Car le bon chemin s'est distingué de l'égarement. Donc, quiconque mécroît au Rebelle tandis qu'il croit en Allah saisit l'anse la plus solide, qui ne peut se briser. Et Allah est Audient et Omniscient* », sourate 2, verset 256.

Les musulmans virulents au combat sont mieux traités par Allah que les autres. La sourate 4 au verset 95 l'énonce ainsi :

« *Ne sont pas égaux ceux des croyants qui restent chez eux - sauf ceux qui ont quelque infirmité - et ceux qui luttent corps et biens dans le sentier d'Allah. Allah donne à ceux qui luttent corps et biens un grade d'excellence sur ceux qui restent chez eux. Et à chacun Allah a promis la* meilleure récompense ; et Allah a mis les combattants au-dessus des non combattants en leur accordant une rétribution immense* », sourate 4, verset 95.

Allah est un vrai chef de guerre :

« *Ce n'est pas vous qui les avez tués : mais c'est Allah qui les a tués. Et lorsque tu lançais (une poignée de terre), ce n'est pas toi qui lançais : mais c'est Allah qui lançait, et ce pour éprouver les croyants d'une belle épreuve de Sa part ! Allah est Audient et Omniscient* », sourate 8, verset 17.

Le Coran traite les non-musulmans de stupides mécréants :

« *Ô Prophète, incite les croyants au combat. S'il se trouve parmi vous vingt endurants, ils vaincront deux cent ; et s'il s'en trouve cent, ils vaincront mille mécréants, car ce sont vraiment des gens qui ne comprennent pas* », sourate 8, verset 65.

« *Ô vous qui croyez ! Combattez ceux des mécréants qui sont près de vous, qu'ils trouvent de la dureté en vous. Et sachez qu'Allah est avec les pieux* », sourate 9, verset 123.

On l'a vu, le combat est l'épicentre de l'islam. Aussi les musulmans ont-ils la conviction que les chrétiens vivent dans le péché et, partant, qu'il est de leur devoir de purifier la Terre en les envoyant *ad patres* :

« *Ô vous qui croyez ! Les associateurs (chrétiens) ne sont qu'impureté : qu'ils ne s'approchent plus de la Mosquée sacrée, après cette année-ci. Et si vous redoutez une pénurie, Allah vous enrichira, s'Il veut, de par Sa grâce. Car Allah est Omniscient et Sage* », sourate 9, verset 28.

Certains versets vantent la justesse de l'appropriation des terres des infidèles ; ce qui équivaut à un appel à l'esclavagisme. De fait, dans un pays sous gouvernance islamique, le non-musulman se retrouve en situation de dhimmi[21] :

« *Et Il vous a fait hériter leur terre, leurs demeures, leurs biens, et aussi une terre que vous n'aviez point foulée. Et Allah est Omnipotent* », sourate 33, verset 27.

Le Coran considère le musulman comme le seul vrai croyant. Comme déjà explicité, tout individu naît musulman selon l'islam. Partant, le monde est appelé à devenir un jour une immense oumma (*nation islamique*). Ce qui fait dire aux adeptes de l'islam que les dénégateurs de l'ordre naturel sont des inconséquents, voire de pauvres imbéciles qui se condamnent au pire dans l'au-delà ... une vision, à l'évidence, sectaire et intolérante.

« *Les mécréants ressemblent à [du bétail] auquel on crie et qui entend seulement appel et voix confus. Sourds, muets, aveugles, ils ne raisonnent point* », sourate 2, verset 171.

Les chrétiens sont, à la fois, des associateurs et des criminels pour le Coran. Aussi ce livre qualifie-t-il de cause juste le combat contre eux.

« *Et tuez-les, où que vous les rencontriez ; et chassez-les d'où ils vous ont chassés : l'association est plus grave que le meurtre. Mais ne les combattez pas près de la Mosquée sacrée avant qu'ils ne vous y aient combattus. S'ils vous y combattent, tuez-les donc. Telle est la rétribution des mécréants* », sourate 2, verset 191.

---

[21] Statut par lequel un non musulman doit acquitter un impôt discriminatoire et se soumettre à diverses obligations et restrictions

Les musulmans refusent de regarder en face l'agressivité, voire la grande violence parfois, des versets de cette Écriture qu'ils divinisent. Nous savons maintenant d'où celle-ci tient cette disposition.

Code révélé d'un État supranational, le Coran forme un ensemble indissociable d'affirmations de foi et de règles politico-sociales. Il n'est pas pour autant un code législatif abouti, ni un manuel politique ou théologique.

Contrairement aux dires des imams, la mosquée n'est pas qu'un lieu de culte. En effet, dans le giron de cette enclave politique et juridique, ces derniers s'emploient à endoctriner, mais aussi à vilipender les infidèles (*nous avons vu précédemment qui sont ces infidèles*), voire à pourfendre le système démocratique et à prendre des décisions d'ordre juridique. Lorsqu'ils autorisent, par exception, un observateur ou un journaliste à pénétrer dans l'une d'elles, l'officiant de service s'en tient à un discours de circonstance. L'Oriental se complaît, par nature, dans le double langage et la ruse. Nombre de termes de la langue arabe possèdent, d'ailleurs, divers sens. Ceux qui vivent en Occident se jouent en outre de la crédulité des Occidentaux non-musulmans. Les fidèles de cette religion attendent l'heure de l'accomplissement de la révélation de leur Prophète. Comme cela est affirmé ci-après : « *L'islam est l'œuvre d'Allah pour qu'il soit la religion de l'humanité* ».

La loi républicaine n'étant que celle instituée par l'homme, elle ne permet pas de juger suivant les saints critères d'un Coran dicté par Allah. Ainsi des imams de grandes mosquées ont demandé aux autorités françaises de pouvoir juger les divorces entre musulmans selon la loi coranique. En Angleterre, ils sont allés jusqu'à vouloir statuer sur les crimes de sang. Une exigence qui a eu, heureusement, le veto du gouvernement. Néanmoins, le processus est en marche et les dignitaires musulmans savent qu'ils finiront par obtenir gain de cause. À l'évidence, l'adepte de l'islam ne peut, en même temps, accepter nos lois, nos libertés, notre façon de vivre et respecter la charia.

Concernant l'endoctrinement des jeunes musulmans, il a lieu au sein des écoles coraniques. C'est au 3ème siècle de l'hégire que les sunnites ont fondé ce type d'institution. Au nombre de quatre, chacune d'elles se différencie aux niveaux de l'état d'esprit, de la perception de la foi et de la tradition juridique.

Par le biais des médias arabes et des imams, l'idéologie islamiste sensibilise de plus en plus de jeunes ; ceux-ci sont donc manipulés à l'âge de leur quête identitaire. Les médias français se sont récemment alarmés de ce que 36% des familles musulmanes n'envoient plus leurs enfants dans une école publique en prétextant la mauvaise qualité de l'éducation au sein de ces établissements. Certes, le Coran n'y est point enseigné. Partant, des madrassas clandestines s'ouvrent régulièrement dans des villes françaises à l'initiative d'imams fondamentalistes ; vu que nombre de musulmans souhaitent une instruction de leur progéniture aux préceptes coraniques. Par ailleurs, des librairies islamiques donnent accès à des livres et cassettes permettant d'inculquer des principes intégristes aux jeunes :

- choisir « la voie droite » de l'islam évite de subir les supplices de l'enfer (*lesquels sont longuement décrits*) ;
- un mécréant est un homme sans charité ;
- les juifs et les chrétiens iront en enfer à cause de leur mécréance ;
- Allah ordonne de croire au saint Coran ;
- Allah punit ceux qui désobéissent en les jetant dans la Hutamah (*un des sept noms du feu de l'enfer*) où ils brûleront pour l'éternité ;

- l'apostat verra sa tombe rétrécir après sa mort et le début de mille supplices ;
- les juifs se sont divisés en soixante-onze sectes et les chrétiens en soixante-douze. L'enfer sera la dernière destination de tous ces gens, sauf ceux qui suivront les paroles du saint Coran et de la sunna » ;
- les chrétiens sont des faussaires et les juifs des individus fourbes, cupides et criminels.

Ainsi les islamistes font miroiter l'idéal d'un islam pur face à un Occident décadent.

Le jeune musulman apprend aussi que le vrai fidèle doit combattre pour défendre la religion d'Allah et que mourir en martyr permet d'obtenir la grâce d'une belle récompense. Ainsi, dans le passage suivant, le Prophète l'incite à maîtriser le maniement des armes : « *Dotez-vous contre eux du maximum de force que vous pouvez. Sachez que la force est dans le tir (une phrase qui est répétée trois fois)* ». L'adulte est de même appelé à se perfectionner dans l'art militaire, à la fois, défensif et offensif.

Tout musulman doit suivre la loi coranique. Le Coran ne fait pas de distinction entre le temporel et le spirituel. Le droit musulman, qualifiable d'empirique, puise certains de ses principes dans le droit coutumier arabe. Les droits laïque et canonique sont, quant à eux, des spécificités purement occidentales.

En réalité, le Coran ne contient qu'un nombre dérisoire de textes ayant un caractère proprement juridique. Abu Hanifa (*mort en 150 après l'hégire*) est le fondateur du droit hanéfite, cristallisation d'un droit de source iraquienne qui fut accommodé aux besoins de la société musulmane. Quasiment à la même période apparaît le droit malékite qui est en fait une nouvelle dénomination du système juridique médinois, lequel s'oppose, en partie, au système hanéfite. Puis naquit le droit shaféite que l'orthodoxie sunnite adopta. Les dissidents chiites multiplièrent, à leur tour, les types de droit : zaydite et imâmite, zahirite. Le kharidjisme édifia, lui aussi, le sien.

Au sein d'un gouvernement islamique, le calife[22] a le statut d'autorité suprême ; quoiqu'il ne puisse exercer celle-ci dans les secteurs que la loi coranique réglemente. Les « wâlis » (*sorte de préfets ou gouverneurs*) détiennent le pouvoir exécutif et les « qâdis » (*juges*) celui d'ordre judiciaire au niveau des provinces. Le « Grand Qâdi » est nommé, quant à lui, par le calife. En pays musulman, le droit religieux a autorité sur tout autre ; même si certains font cohabiter droit musulman et droit copié sur celui en usage dans le monde occidental. S'agissant d'une affaire individuelle ou familiale, c'est le droit hanéfite qui a la précellence.

Concernant la nomination d'un calife, la vision des sunnites et des chiites diffère. Pour les sunnites, il s'agit d'une fonction élective ; quoique, pour eux, celui-ci ne soit pas détenteur du pouvoir spirituel, puisque celui-ci n'incombe pas à un être humain. C'est donc un souverain temporel, le dirigeant de la oumma (*communauté des musulmans*), auquel tout musulman doit obéissance. Les chiites, pour leur part, considèrent l'imam sous le jour d'un homme exemplaire et, donc, comme le meilleur des croyants. Aussi privilégient-ils la culture de l'imamat. De nos jours, le principal obstacle à un retour du califat a trait aux points de vue différents des mouvances de l'islam. Partant, ces dernières ne s'entendront jamais sur la nécessité ou non d'un calife à la tête d'un État islamique ni sur le pouvoir réel de celui-ci.

---

[22] Terme romanisé dérivé du verbe « khalafa » et signifiant « succéder ». Ce titre fut porté par les successeurs de Mahomet après sa mort en 632

Chapitre 3

Une mise au point indispensable

Les allégations fallacieuses sur Jésus-Christ

Dans le Coran, les versets sur Jésus-Christ sont dispersés dans une dizaine de sourates. Seulement trois l'évoquent, les autres se servent de son nom, voire elles le prennent comme témoin pour renforcer le Coran. En dénigrant sa divinité, les rédacteurs de ce livre ont imité les judéo-nazaréens. À noter qu'aucune sourate ne cite l'Évangile dont les musulmans critiquent la rédaction sous quatre formes. Ils en déduisent qu'il ne saurait être porteur d'une vérité. Par ce refus d'une reconnaissance de la richesse de ces quatre écrits, ils cherchent aussi à le discréditer. Nombre de versets du Coran vilipendent les chrétiens qui y sont qualifiés de piètres associateurs et, en final, de polythéistes. Les musulmans croient vraiment qu'Allah est le créateur de l'islam, une religion qu'il a placée au-dessus de toute autre en ce monde.

La sourate 3 au verset 85 le dit ainsi :

« *Quiconque désire une religion autre que l'islam, ne sera point agréé, et il sera, dans l'au-delà, parmi les perdants* ».

Quant à la sourate 2 au verset 136, elle précise :

« *Dites : "Nous croyons en Allah et en ce qu'on nous a révélé et en ce qu'on a fait descendre vers Abraham, Ismaël, Isaac, Jacob et les Tribus et en ce qui a été donné à Moïse et à Jésus et en ce qui a été donné aux prophètes, venant de leur Seigneur : nous ne faisons aucune distinction entre eux. Et à Lui, nous sommes Soumis ».*

La soumission et la prosternation sont des constantes dans le Coran. Une attitude qui doit mener le musulman à la mort si nécessaire. Mahomet a donné le ton en se lançant dans nombre de combats et en donnant ainsi au sacrifice un caractère saint et héroïque. Concernant la référence à Abraham, elle vise à doter l'islam d'une sainte origine. Nous avons vu précédemment l'absence d'historicité de ce fait.

Quant à Jésus, il est placé au même niveau que tous les autres prophètes avant lui. Les versets cités plus haut font valoir qu'un musulman ne se soumet qu'à Allah. Je précise toutefois que Jésus-Christ ne saurait être qualifié de simple prophète ; puisqu'il fût, de son vivant sur Terre, l'incarnation du Père Tout-Puissant. Certes, il s'agit là d'une vérité inaccessible à un musulman. Derrière les grands personnages de l'Ancien Testament, il y a souvent la figure du Christ. Quant au Nouveau Testament, il s'agit d'une œuvre d'Amour avec la passion de Jésus-Christ pour épicentre. Évidemment, les musulmans critiqueront un tel propos, voire le jugeront digne de la condamnation d'Allah.

La sourate 5 aux versets 65, 66 et 67 énonce :

« Ô gens du Livre, pourquoi disputez-vous au sujet d'Abraham, alors que la Thora et l'Évangile ne sont descendus qu'après lui ? Ne raisonnez-vous donc pas ? Vous avez bel et bien disputé à propos d'une chose dont vous avez connaissance. Mais pourquoi disputez-vous des choses dont vous n'avez pas connaissance ? Or Allah sait, tandis que vous ne savez pas. Abraham n'était ni Juif ni Chrétien. Il était entièrement soumis à Allah (musulman). Et il n'était point du nombre des Associateurs ».

« L'injil » (*nom donné à l'Évangile*) relaté par le Coran n'est pas l'Évangile selon Saint Matthieu, Saint Luc, Saint Marc ou

Saint Jean. Un livre dicté par Dieu ne devrait-il pas nommer fidèlement toutes les grandes Écritures émanant de Lui-même ? Le Coran, au contraire, nie ce que le Tout-Puissant a voulu faire savoir à l'humanité par le biais de son incarnation en Jésus-Christ. N'y a-t-il pas là une grande vanité ?

La sourate 4 au verset 157 affirme :

« et à cause de leur parole : "Nous avons vraiment tué le Christ, Jésus, fils de Marie, le Messager d'Allah"... Or, ils ne l'ont ni tué ni crucifié ; mais ce n'était qu'un faux-semblant ! Et ceux qui ont discuté sur son sujet sont vraiment dans l'incertitude : ils n'en ont aucune connaissance certaine, ils ne font que suivre des conjectures et ils ne l'ont certainement pas tué ».

À propos de la Vierge Marie, le Coran écrit :

« Mentionne, dans le Livre (le Coran), Marie, quand elle se retira de sa famille en un lieu vers l'Orient.
Elle mit entre elle et eux un voile. Nous lui envoyâmes Notre Esprit (Gabriel), qui se présenta à elle sous la forme d'un homme parfait.
Elle dit : « Je me réfugie contre toi auprès du Tout Miséricordieux. Si tu es pieux, ne m'approche point », sourate 19, versets 16 à18.

Le rédacteur du Coran n'avait visiblement aucune connaissance de l'Évangile. Comment peut-il s'octroyer le droit de rapporter les propos exacts de Marie ? Certes, après en avoir tiré la substance de l'Évangile, il s'est appliqué à faire une analyse absurde et déformée de la conception de Jésus par Marie.

« Elle dit : "Comment aurais-je un fils, quand aucun homme ne m'a touchée, et je ne suis pas prostituée ? ».

Il dit : « Ainsi sera-t-il ! Cela M'est facile, a dit ton Seigneur ! Et Nous ferons de lui un signe pour les gens, et une miséricorde de Notre part. C'est une affaire déjà décidée !

Elle devint donc enceinte [de l'enfant], et elle se retira avec lui en un lieu éloigné.

Puis les douleurs de l'enfantement l'amenèrent au tronc du palmier, et elle dit :

Malheur à moi ! Que je fusse morte avant cet instant ! Et que je fusse totalement oubliée ! », sourate 19, versets 20 à 23.

Ce passage a été volontairement écrit pour enlaidir la conception de Jésus et tronquer, une fois de plus, la beauté de l'Écriture.

Je me dois ici de rétablir la magnificence de ce moment, vécu en vérité par Marie, en citant le texte authentique (Évangile selon Luc 1, versets 26 à 35) :

« *L'ange Gabriel fut envoyé par Dieu dans une ville de Galilée, appelée Nazareth, auprès d'une vierge fiancée à un homme de la maison de David, nommé Joseph. Elle s'appelait Marie. L'ange entra chez elle et dit : "Je te salue, toi à qui une grâce a été faite ; le Seigneur est avec toi".*

Troublée, Marie se demandait ce que ces paroles pouvaient bien signifier. L'ange poursuivit : "Ne crains pas, Marie ; car tu as trouvé grâce devant Dieu. Et voici que tu deviendras enceinte et que tu enfanteras un fils à qui tu donneras le nom de Jésus. Il sera appelé Fils du Très Haut. Il régnera sur la maison de Jacob éternellement et son règne n'aura point de fin". Marie dit à l'ange : "Comment se fera-t-il, puisque je ne connais point d'homme ?" L'ange lui répondit : "Le Saint-Esprit viendra sur toi et la puissance du Très Haut te couvrira de son ombre. C'est pourquoi le saint enfant qui naîtra de toi sera appelé Fils de Dieu. Et voici, Élisabeth ta parente, elle aussi a conçu un fils dans sa vieillesse, et c'est ici le sixième mois pour celle qui était appelée stérile ; car rien ne sera impossible à Dieu". Et Marie dit : "Voici l'esclave du Seigneur, qu'il me soit fait selon ta parole". Puis l'ange la quitta ».

On est très loin des dires du Coran, un livre que les dignitaires musulmans disent dicté par Dieu. Comment Dieu en viendrait-il à se dédire de la sorte ?

Ce bréviaire fait parler Jésus, alors qu'il vient tout juste de naître :

« *Elle (Marie) fit alors un signe vers lui [le bébé]. Ils dirent : "Comment parlerions-nous à un bébé au berceau ?" Mais [le bébé] dit : "Je suis vraiment le serviteur d'Allah. Il m'a donné le Livre et m'a désigné Prophète. Où que je sois, Il m'a rendu béni et Il m'a recommandé, tant que je vivrai, la prière, la zakat et la bonté envers ma mère. Il ne m'a fait ni violent ni malheureux. Et que la paix soit sur moi le jour où je naquis, le jour où je mourrai, et le jour où je serai ressuscité vivant". Tel est Issa (Jésus), fils de Marie : parole de vérité, dont ils doutent* », sourate 19, versets 29 à 34.

« *Il parlera aux gens, dans le berceau et en son âge mûr et il sera du nombre des gens de bien* », sourate 3, verset 46.

Nous sommes là en plein délire. Comment ces rédacteurs osent-ils en arriver à écrire Une telle stupidité vise à induire en erreur les musulmans. Le Coran se sert de la personne de Jésus pour convaincre les adeptes de l'islam qu'Allah est bien le Dieu auquel il faut croire et que la « zakat », un impôt instauré par Mahomet, a été institué par le Très Haut ; vu que Jésus s'engage à la payer.

Voyons ce que dit l'Évangile sur les premiers instants de la vie de Jésus (Luc 2, versets 8 à 19) :

« *Il y avait, dans cette même contrée, des bergers qui passaient dans les champs les veilles de la nuit pour garder leurs troupeaux. Et voici, un ange du Seigneur leur apparut, et la gloire du Seigneur resplendit autour d'eux. Ils furent saisis d'une grande frayeur. Mais l'ange leur dit : "Ne craignez point ; car je vous annonce une bonne nouvelle, qui sera pour tout le peuple le sujet d'une grande joie : c'est qu'aujourd'hui, dans la ville de David, il vous est né un Sauveur, qui est le Christ, le Seigneur. Et voici à quel signe vous le reconnaîtrez : vous trouverez un enfant emmailloté et couché dans une crèche. Et soudain il se joignit à l'ange une multitude de l'armée céleste, louant Dieu et disant : "Gloire à Dieu au plus haut des cieux, et paix sur la terre aux hommes qu'il aime".*

Lorsque les anges les eurent quittés pour retourner au ciel, les bergers se dirent les uns aux autres : "Allons jusqu'à Bethléem, et voyons ce qui est arrivé, ce que le Seigneur nous a fait connaître. Ils y allèrent en hâte, et ils trouvèrent Marie et Joseph, et le petit enfant couché dans la crèche. Après l'avoir vu, ils racontèrent ce qui leur avait été dit au sujet de ce petit enfant. Tous ceux qui les entendirent furent étonnés par ce que leur disaient les bergers. Marie gardait toutes ces choses, et les repassait dans son cœur. Et les bergers s'en retournèrent, glorifiant et louant Dieu pour tout ce qu'ils avaient entendu et vu, et conforme à ce qui leur avait été annoncé. Le huitième jour, auquel l'enfant devait être circoncis, étant arrivé, on lui donna le nom de Jésus, nom qu'avait indiqué l'ange avant qu'il fût conçu dans le sein de sa mère ».

Nommé « fils de Marie », Jésus n'a donc dans le Coran que les statuts de prophète et de chef d'un groupe de disciples. Un état bien éloigné de ce qu'il fut en réalité.

Alors que Jésus-Christ est venu enseigner à l'humanité la vérité sur le Dieu et Père d'Amour, Mahomet s'est cantonné à la révélation d'un Allah prompt à soumettre sans cesse ses créatures et à les enjoindre à se prosterner. La soumission et la prosternation n'ont jamais fait partie du langage de Jésus. Dans l'Évangile, seul Satan use des verbes « prosterner » et « adorer », notamment quand il cherche à tenter Jésus en ces termes : « *Je te donnerai toutes ces choses (les royaumes du monde et leur gloire) si tu te prosternes et m'adores* ». Jésus lui dit : « *Retire-toi, Satan ! Car il est écrit : Tu adoreras le Seigneur, ton Dieu, et tu ne serviras que lui seul* », Matthieu 4 -9.

La sourate 3 aux versets 50 à 52 stipule :

« *Et je (Jésus) confirme ce qu'il y a dans la Thora révélée avant moi, et je vous rends licite une partie de ce qui était interdit. Et j'ai certes apporté un signe de votre Seigneur. Craignez Allah donc, et obéissez-moi* ».

« *Allah est mon Seigneur et votre Seigneur. Adorez-Le donc : voilà le chemin droit* ».

« *Puis, quand Jésus ressentit de l'incrédulité de leur part, il dit : "Qui sont mes alliés dans la voie d'Allah ?" Les apôtres dirent : "Nous sommes les alliés d'Allah. Nous croyons en Allah. Et sois témoin que nous Lui sommes soumis* ».

Par le biais de Jésus, l'islam annonce la voie droite d'Allah tout en se dotant, en même temps, d'une sorte d'historicité. De surcroît, il fait s'exprimer ce dernier avec autorité, alors qu'il était sans cesse enclin à la douceur. Je précise que craindre Dieu signifie le respecter et non avoir peur de Lui.

« *Comme le Père m'a aimé, je vous ai aussi aimés. Demeurez dans mon amour* », Jean 15.9.

« *Je leur ai fait connaître ton nom, et je le leur ferai connaître, afin que l'amour dont tu m'as aimé soit en eux, et que je sois en eux* », Jean 17.26.

La sourate 4 au verset 157 affirme :

« *Et à cause de leur parole : "Nous avons vraiment tué le Christ, Jésus, fils de Marie, le Messager d'Allah"... Or, ils ne l'ont ni tué ni crucifié ; mais ce n'était qu'un faux-semblant ! Et ceux qui ont discuté sur son sujet sont vraiment dans l'incertitude : ils n'en ont aucune connaissance certaine, ils ne font que suivre des conjectures et ils ne l'ont certainement pas tué* ».

Ce verset contient une première ineptie : les juifs ne peuvent avoir déclaré qu'ils ont tué le Christ, puisqu'ils ne l'ont jamais reconnu en tant que Messie. Quant à la deuxième, à savoir la non-crucifixion de Jésus, nous avons vu qu'elle a été soufflée à Mahomet par les judéo-nazaréens.

« *Et Nous avons envoyé après eux (sous-entendu les juifs) Jésus, fils de Marie, pour confirmer ce qu'il y avait dans la Thora avant lui. Et Nous lui avons donné l'Évangile, où il y a guide et lumière, pour confirmer ce qu'il y avait dans la Thora avant lui, et un guide et une exhortation pour les pieux* », sourate 5, verset 46.

Dans le Coran, Jésus n'est qu'un simple transmetteur. Pourtant, ce livre reconnaît sa conception miraculeuse. Que sa divinité y soit niée constitue donc un paradoxe insensé. On observe aussi que, outre la Thora, il est censé être venu confirmer la loi du Talion. Une allégation qui induit les musulmans en erreur.

Que ne se donnent-ils la peine de lire les vraies paroles de Jésus dans l'Évangile :

« *Vous avez appris qu'il a été dit : œil pour œil et dent pour dent. Mais, moi, je vous dis de ne pas résister au méchant. Si quelqu'un te frappe sur la joue droite, présente-lui aussi l'autre* », Matthieu 5 – 39,40.

« *Et quand Jésus fils de Marie dit : Ô Enfants d'Israël, je suis vraiment le Messager d'Allah [envoyé] à vous, pour confirmer ce qui, dans la Thora, est antérieur à moi, et annoncer un Messager à venir après moi, dont le nom sera "Ahmad" (Mohammad). Puis quand celui-ci vint à eux avec des preuves évidentes, ils dirent : c'est là une magie manifeste'* », sourate 61, verset 6.

Une fois de plus, le Coran attribue à Jésus des dires farfelus ; une façon de renforcer le statut de Mahomet et, en final, la sainteté de l'islam. Ce livre s'adresse, en définitive, à des gens ayant une méconnaissance évidente du Nouveau Testament.

Dans la sourate 5, aux versets 111 à 115, on lit :

« *Rappelle-toi le moment où les Apôtres dirent : "Ô Jésus, fils de Marie, se peut-il que ton Seigneur fasse descendre sur nous du ciel une table servie ?" Il leur dit : "Craignez plutôt Allah, si vous êtes croyants".*
Ils dirent : "Nous voulons en manger, rassurer ainsi nos cœurs, savoir que tu nous as réellement dit la vérité et en être parmi les témoins".
"Ô Allah, notre Seigneur, dit Jésus, fils de Marie, fais descendre du ciel sur nous une table servie qui soit une fête pour nous, pour le premier d'entre nous, comme pour le dernier, ainsi qu'un signe de Ta part. Nourris-nous : Tu es le meilleur des nourrisseurs".
"Oui, dit Allah, Je la ferai descendre sur vous. Mais ensuite, quiconque d'entre vous refuse de croire, Je le châtierai d'un châtiment dont Je ne châtierai personne d'autre dans l'univers" ».

Voici une narration de la Cène qui présente Jésus sous un jour propre à faire bondir un vrai chrétien. Certes, le Coran est un livre destiné aux seuls musulmans. En accolant continuellement l'expression « fils de Marie » au nom de Jésus, ce livre veut leur faire savoir qu'il n'est pas le Fils de Dieu. Jésus y apparaît derechef vindicatif, alors qu'il a montré un Amour inconditionnel. Le châtiment est omniprésent dans ces versets et promis à ceux qui refusent de croire en un Allah prompt à punir sans cesse.

« *Allah a racheté aux croyants, leurs propres personnes et leurs biens en échange du Paradis. Ils combattent dans le sentier d'Allah : ils tuent, et ils se font tuer. C'est une promesse authentique qu'Il a fait dans la Thora, l'Évangile et le Coran. Et qui est plus fidèle qu'Allah à son engagement ? Réjouissez-vous donc de l'échange que vous avez fait : Et c'est là le très grand succès* », sourate 9, verset 111.

Allah appelle ses fidèles au meurtre et au martyr, plutôt qu'à l'Amour et à la grandeur d'âme. Cette référence à l'Évangile pour une cause aussi laide suscite ma pitié.

« Pour Allah, Jésus est comme Adam qu'Il créa de poussière, puis Il lui dit "Sois" : et il fut.
La vérité vient de ton Seigneur. Ne sois donc pas du nombre des sceptiques.
À ceux qui te contredisent à son propos, maintenant que tu en es bien informé, tu n'as qu'à dire : "Venez, appelons nos fils et les vôtres, nos femmes et les vôtres, nos propres personnes et les vôtres, puis proférons exécration réciproque en appelant la malédiction d'Allah sur les menteurs".
Voilà, certes, le récit véridique. Et il n'y a pas de divinité à part Allah. En vérité, c'est Allah qui est le Puissant, le Sage », sourate 3, versets 59 à 62.

Ces versets visent à montrer que Jésus fût un homme semblable au commun des mortels, à savoir issu de la poussière. De façon hypocrite, les chrétiens y sont qualifiés d'associateurs et de menteurs.

« (Rappelle-leur) le moment où Allah dira : "Ô Jésus, fils de Marie, est-ce toi qui as dit aux gens : "Prenez-moi, ainsi que ma mère, pour deux divinités en dehors d'Allah ?" Il dira : "Gloire et pureté à Toi ! Il ne m'appartient pas de déclarer ce que je n'ai pas le droit de dire ! Si je l'avais dit, Tu l'aurais su, certes. Tu sais ce qu'il y a en moi, et je ne sais pas ce qu'il y a en Toi. Tu es, en vérité, le grand connaisseur de tout ce qui est inconnu », sourate 5, verset 116.

Ici, on apprend que Jésus réfute sa propre divinité ainsi que celle de sa mère Marie. Une ruse qui ne peut avoir d'écho que dans le cœur d'un adepte de l'islam.

« *Il ne convient pas à Allah de S'attribuer un fils. Gloire et Pureté à Lui ! Quand Il décide d'une chose, Il dit seulement : "Soit !" et elle est* », sourate 19, verset 35.

« *Il (Jésus) n'était qu'un Serviteur que Nous avions comblé de bienfaits et que Nous avions désigné en exemple aux Enfants d'Israël* », sourate 43, verset 59.

« *Ô gens du Livre (Chrétiens), n'exagérez pas dans votre religion, et ne dites d'Allah que la vérité. Le Messie Jésus, fils de Marie, n'est qu'un Messager d'Allah, Sa parole qu'Il envoya à Marie, et un souffle (de vie) venant de Lui. Croyez donc en Allah et en Ses messagers. Et ne dites pas "Trois". Cessez ! Ce sera meilleur pour vous. Allah n'est qu'un Dieu unique. Il est trop glorieux pour avoir un enfant. C'est à Lui qu'appartient tout ce qui est dans les cieux et sur la terre et Allah suffit comme protecteur* », sourate 4, verset 171.

« *Jamais le Messie ne trouve indigne d'être un serviteur d'Allah, ni les Anges rapprochés [de Lui]. Et ceux qui trouvent indigne de L'adorer et s'enflent d'orgueil... Il les rassemblera tous vers Lui* », sourate 4, verset 172.

« *Le Messie, fils de Marie, n'était qu'un Messager. Des messagers sont passés avant lui. Et sa mère était une véridique. Et tous deux consommaient de la nourriture. Vois comme Nous leur expliquons les preuves et puis vois comme ils se détournent* », sourate 5, verset 75.

« *Les Juifs disent : "Uzayr est fils d'Allah" et les Chrétiens disent : "Le Christ est fils d'Allah". Telle est leur parole provenant de leurs bouches. Ils imitent le dire des mécréants avant eux. Qu'Allah les anéantisse ! Comment s'écartent-ils (de la vérité) ?* », sourate 9, verset 30.

À l'évidence, les rédacteurs du Coran furent tourmentés par la divinité de Jésus. Sinon ils n'auraient pas autant ressenti le besoin de la nier. Ils se sont appliqués à reléguer celui-ci au statut de simple serviteur, mais dans un style, certes, ambigu. Ce bréviaire, proclamé vérité suprême, est sournoisement antichrétien.

« *Ce sont certes des mécréants, ceux qui disent : "En vérité, Allah est le troisième de trois." Alors qu'il n'y a de divinité qu'Une Divinité Unique ! Et s'ils ne cessent de le dire, certes, un châtiment douloureux touchera les mécréants d'entre eux* », sourate 5, verset 73.

Conséquence logique des versets précédents, La Trinité est ici contestée. D'ailleurs, celle-ci ne place pas Dieu au troisième degré, contrairement à ce qui est affirmé plus haut. Une fois encore, ce livre promet l'enfer aux mécréants … c'est-à-dire aux chrétiens.

« *Créateur des cieux et de la terre. Comment aurait-il un enfant, quand Il n'a pas de compagne ? C'est Lui qui a tout créé, et Il est Omniscient* », sourate 6, verset 101.

Le Coran pare Allah d'attributs humains et montre une regrettable méconnaissance de la notion de Fils de Dieu ; car il s'agit d'un concept éminemment spirituel et en rien matériel. Ce livre répète mille fois qu'Allah peut tout. Une contradiction de plus, n'est-ce pas ! Naturellement, la main de l'homme apparaît clairement dans la grande majorité des sourates.

« *Nous avons certes créé l'homme d'un extrait d'argile ;
Puis Nous en fîmes une goutte de sperme dans un utérus protégé* », sourate 23, versets 12-13.

« *Allah vous a créés de terre, puis de sperme, pour faire de vous ensuite des couples. Aucune femelle ne porte ni ne met bas sans qu'il le sache. Aucune vie n'est prolongée ni abrégée sans que cela soit déjà, dans un Livre, consigné. Et c'est une chose si facile pour Allah* », sourate 35, verset 11.

« *C'est Lui qui a créé le couple, d'un mâle et d'une femelle ;*
D'une goutte de sperme quand elle est éjaculée », sourate 53, versets 45, 46.

Voici un énoncé piètrement humain de la création de l'homme. Visiblement, l'Allah du Coran ne parvient pas à créer avec la puissance de l'Esprit.

« *Il m'a été révélé qu'un groupe de djinns prêtèrent l'oreille, puis dirent : "Nous avons certes entendu une lecture [le Coran] merveilleuse ;*
Qui guide vers la droiture. Nous y avons cru, et nous n'associerons jamais personne à notre Seigneur ;
En vérité notre Seigneur – que sa grandeur soit exaltée – ne s'est donné ni compagne, ni enfant ! », sourate 73, versets 1 à 3.

Créatures surnaturelles pouvant prendre une forme végétale, animale, ou anthropomorphe, les djinns sont mis ici sur un piédestal et en capacité de porter un jugement sur la vraie qualité de Jésus-Christ. À travers eux, il s'agit évidemment d'encenser le Coran.

« *Ce sont, certes, des mécréants ceux qui disent : "En vérité, Allah c'est le Messie, fils de Marie." Alors que le Messie a dit : "Ô enfants d'Israël, adorez Allah, mon Seigneur et votre Seigneur". Quiconque associe à Allah (d'autres divinités) Allah lui interdit le Paradis ; et son refuge sera le Feu. Et pour les injustes, pas de secoureurs !* », sourate 5, verset 72.

Dans ce verset, les paroles de Jésus sont détournées pour la énième fois et les chrétiens y sont derechef voués à la géhenne de l'enfer. Quelle vanité, n'est-ce pas ! Certains dignitaires musulmans prétendent que ces associateurs ou mécréants, que le Coran vilipende, ne sont en rien les chrétiens. Je vois là une triste hypocrisie. Car ils réfutent en leur cœur le statut de Fils de Dieu de Jésus et pensent que croire en celui-ci constitue un acte de mécréance. Conformément à un verset, que je cite ultérieurement, ils ne peuvent qu'associer cette croyance à un meurtre.

« *Le Prophète a dit : Il n'y a aucun prophète entre moi et lui (à savoir Jésus). Il descendra sur la Terre. Quand vous le verrez, vous le reconnaîtrez : un homme de taille moyenne, le teint rosé, portant deux légères chemises jaunes, la tête ruisselante sans qu'elle soit mouillée. Il combattra pour la cause de l'islam. Il brisera la croix, tuera les porcs et abolira la jizyah. Allah détruira toutes les religions, excepté l'islam. Issa (Jésus) éliminera l'Antéchrist, vivra sur la terre pendant quarante années, puis il mourra* », selon Sunan Abu Dawud : 37 – 4310.

« *Le Prophète a dit : "Par Celui qui tient mon âme en sa main, la descente de Jésus, fils de Marie, est imminente ; il sera pour vous un arbitre juste, et cassera la croix, et tuera les porcs, et mettra fin à la guerre et il prodiguera des biens tels que personne n'en voudra plus. En ce moment, une seule prosternation sera meilleure que le monde et son contenu"* », d'après Abou Hourayra.

L'islam ne s'adresse qu'aux musulmans auxquels il peut prodiguer toutes sortes de contrevérités sur Jésus-Christ et, par le biais de celui-ci, les amener à haïr les chrétiens … de pauvres mécréants et associateurs.

« *Ils ont pris leurs rabbins et leurs moines, ainsi que le Christ fils de Marie, comme Seigneurs en dehors d'Allah, alors qu'on ne leur a commandé que d'adorer un Dieu unique. Pas de divinité à part Lui ! Gloire à Lui ! Il est au-dessus de ce qu'ils [Lui] associent. Ils veulent éteindre avec leurs bouches la lumière d'Allah, alors qu'Allah ne veut que parachever Sa lumière, quelque répulsion qu'en aient les mécréants* », sourate 9, versets 31 et 32.

Les juifs et les chrétiens sont accusés de préférer les représentants du sacerdoce à Dieu. Rien d'étonnant que le Christ soit associé à un homme ordinaire. Les musulmans gagneraient, pourtant, à le voir enfin comme cette sublime Lumière que Dieu, le Père d'Amour, appelle à suivre.

> « *Dis : "Nous croyons en Allah, à ce qu'on a fait descendre sur nous, à ce qu'on a fait descendre sur Abraham, Ismaël, Isaac, Jacob et les Tribus, et à ce qui a été apporté à Moïse, à Jésus et aux prophètes, de la part de leur Seigneur : nous ne faisons aucune différence entre eux ; et c'est à Lui que nous sommes Soumis" ;*
> *Et quiconque désire une religion autre que l'islam, ne sera point agréé, et il sera, dans l'au-delà, parmi les perdants* », sourate 3, versets 84 et 85.

Ces versets confirment l'objectif de l'islam : soumettre l'humanité à sa doctrine. En effet, Mahomet l'a établi au rang de religion fédératrice. Il fallait, pour cela, dénigrer Jésus-Christ et mettre dans la bouche de ce dernier toutes sortes de propos insensés.

> « *Vous (les musulmans) êtes la meilleure communauté qu'on ait fait surgir pour les hommes, vous ordonnez le convenable, interdisez le blâmable et croyez à Allah. Si les gens du Livre (la Bible) croyaient, ce serait meilleur pour eux, il y en a qui ont la foi, mais la plupart d'entre eux sont des pervers* », sourate 3, verset 110.

Le terme « pervers » est répété un grand nombre de fois dans le Coran. Un livre dicté par le Dieu d'Amour ne s'abaisserait point à un tel vocabulaire. En effet, fort de Sa Perfection, Il se montre infiniment compréhensif envers Sa créature qu'il sait imparfaite et, partant, faillible.

> « *Je vous donne un commandement nouveau : Aimez-vous les uns les autres ; comme je vous ai aimés, vous aussi, aimez-vous les uns les autres* », Jean 13-34.

Comparons cette injonction d'Amour du Seigneur Jésus-Christ avec l'appel au meurtre d'Allah. Nous avons vu précédemment que l'association représente le crime commis par les chrétiens. Ainsi Allah exhorte à tuer ces piètres mécréants, infidèles et polythéistes. Assurément, il n'y a pas deux interprétations possibles de ces versets, comme de ceux déjà cités.

« *Et tuez-les, où que vous les rencontriez ; et chassez-les d'où ils vous ont chassés : l'association est plus grave que le meurtre. Mais ne les combattez pas près de la Mosquée sacrée avant qu'ils ne vous y aient combattus. S'ils vous y combattent, tuez-les donc. Telle est la rétribution des mécréants* », sourate 2, verset 191.

« *S'ils cessent (sous-entendu : s'ils se soumettent à la loi de l'islam), Allah est, certes, Pardonneur et Miséricordieux* », sourate 2, verset 192.

« *Et combattez-les jusqu'à ce qu'il n'y ait plus d'association et que la religion soit entièrement à Allah seul (sous-entendu : que l'islam soit l'unique religion). S'ils cessent, donc plus d'hostilités, sauf contre les injustes* », sourate 2, verset 193.

On apprend ci-dessus que le chrétien ne peut obtenir le pardon d'Allah qu'en faisant allégeance à la doctrine islamique.

« *Après que les mois sacrés expirent, tuez les associateurs où que vous les trouviez. Capturez-les, assiégez-les et guettez-les dans toute embuscade. Si ensuite ils se repentent, accomplissent la Salât (prières) et acquittent la Zakât, (impôt) alors laissez-leur la voie libre, car Allah est Pardonneur et Miséricordieux* », sourate 9, verset 5.

Une fois encore, il nous dit que la conversion à la religion musulmane permet de s'éviter les affres de l'enfer.

« *Les infidèles parmi les gens du Livre, ainsi que les Associateurs, ne cesseront pas de mécroire jusqu'à ce que leur vienne la Preuve évidente* », sourate 98, verset 1.

« *Un Messager, de la part d'Allah, qui leur récite des feuilles purifiées* », sourate 98, verset 2.

« *Dans lesquelles se trouvent des prescriptions d'une rectitude parfaite* », sourate 98, verset 3.

« *Et ceux à qui le Livre a été donné ne se sont divisés qu'après que la preuve leur fût venue* », sourate 98, verset 4.

« *Il ne leur a été commandé, cependant, que d'adorer Allah, Lui vouant un culte exclusif, d'accomplir la salât et d'acquitter la zakât. Et voilà la religion de droiture* », sourate 98, verset 5.

« *Les infidèles parmi les gens du Livre, ainsi que les Associateurs iront au feu de l'Enfer, pour y demeurer éternellement. De toute la création, ce sont eux les pires* », sourate 98, verset 6.

« *Quant à ceux qui croient et accomplissent les bonnes œuvres, ce sont les meilleurs de toute la création* », sourate 98, verset 7.

Tout rapprochement entre chrétiens et musulmans va à l'encontre du Coran, vu qu'un musulman ne devrait même pas accepter d'adresser la parole à un associateur impur (*chrétien*).

« *Ô vous qui croyez ! Les associateurs ne sont qu'impureté : qu'ils ne s'approchent plus de la Mosquée sacrée (la Mecque), après cette année-ci. Et si vous redoutez une pénurie, Allah vous enrichira, s'il veut, de par sa grâce. Car Allah est Omniscient et Sage* », sourate 9, verset 28.

Puissent les musulmans méditer ces paroles de Jésus-Christ rapportées par l'évangéliste Matthieu (7. 15-27) :

« Gardez-vous des faux prophètes. Ils viennent à vous en vêtement de brebis, mais au-dedans ce sont des loups ravisseurs. Vous les reconnaîtrez à leurs fruits (leurs disciples). Tout bon arbre porte de bons fruits, mais le mauvais arbre porte de mauvais fruits. Un bon arbre ne peut porter de mauvais fruits, ni un mauvais arbre porter de bons fruits. Tout arbre qui ne porte pas de bons fruits est coupé et jeté au feu. C'est donc à leurs fruits que vous les reconnaîtrez. Ceux qui me disent : Seigneur, Seigneur ! Ils n'entreront pas tous dans le royaume des cieux, mais celui-là seul qui fait la volonté de mon Père qui est dans les Cieux. Plusieurs me diront en ce jour-là : Seigneur, Seigneur ! N'avons-nous pas prophétisé par ton nom ? Alors, je leur dirai ouvertement : je ne vous ai jamais connus, retirez-vous de moi, vous, qui commettez l'iniquité ».

Chapitre 4

La consubstantialité du Dieu d'Amour et du Christ

Le Créateur est un Père Aimant. Il n'a nul besoin de soumettre sa Créature ni de la voir se prosterner face à Lui. Au contraire, il l'a dotée d'une belle intelligence et d'un libre arbitre pour qu'elle évolue à son rythme et en apprenant de ses expériences ici-bas. Il aurait pu la contraindre au serf arbitre et la réduire ainsi à la condition de simple androïde incapable de faire ses propres choix.

Par conséquent, la croyance en un Dieu vindicatif, partial, intransigeant, autoritaire et, donc, toujours prompt à mettre l'homme à genou est absurde. Elle procède d'une croyance archaïque, semblable à celles de temps anciens et révolus. En effet, cela renvoie à la croyance en un Dieu primordial, c'est-à-dire en un Dieu au-dessus d'une pléiade de divinités, voire en un Patriarche auquel il fallait obéir aveuglément afin de s'éviter ses foudres. La foi en cet être anthropomorphique correspondait, en outre, à une foi transitoire et en développement. L'homme devait retrouver progressivement le chemin tracé par le Créateur et, ce faisant, évoluer vers une spiritualité plus éveillée.

Aussi il ne convient pas de perpétrer un comportement régressif et consistant en ce type de soumission ni en une prosternation craintive. Une vraie foi en Dieu ne nécessite pas des attitudes corporelles, des accoutrements, de réciter des textes à la manière d'un perroquet, mais de le prier avec un Amour sincère dans le cœur. Le Père d'Amour n'attend rien de ses créatures. Le croire revient à le rabaisser à nos sentiments humains. Il ne découvre pas les actes de l'homme, puisqu'il sait tout ce qui concerne ce dernier et comment il en viendra à sa pleine humanité. Par contre, il lui fait des signes, Il lui indique aussi la voie à suivre par le truchement d'âmes plus évoluées et en mesure de transmettre sa Lumière.

Jésus-Christ révéla à l'homme la vérité du Père d'Amour, bien qu'une minorité seulement entendît celle-ci. Certes, son rôle ici-bas ne fut pas celui d'un simple messager ou d'un prophète. En lui, le Père s'est incarné pour faire un sublime chemin d'Amour. Son sacrifice est et restera un mystère incompris par beaucoup ; car décider de souffrir à un tel degré pour sauver l'homme constitue un acte inaccessible à l'entendement commun. Évidemment, fort de sa filiation, le Christ ne fut pas pleinement homme. Ainsi, fort de la puissance de son Esprit, il sut transcender une torture qu'un individu ordinaire aurait trouvée insupportable et qui l'aurait même tué. Car nul ne peut résister, en réalité, à une flagellation de 100 à 120 coups de fouets à deux lanières lestées de boules de plomb et de bouts de fer. Quant à lui, ayant choisi par quelle mort il passerait, il décida aussi de l'instant de son ultime souffle.

Jésus-Christ est le Fils assis à la droite du Père. Cela signifie qu'il émane de l'Esprit du Tout-Puissant et que nul n'est plus proche que lui de Ce Dernier. J'ai reçu, lors d'une de mes très nombreuses prières, qu'il est également dans la droite du Père. Bonté infinie du Dieu d'Amour qui permet ainsi à l'homme de mieux le prier via une représentation physique. Malheureusement, les religions sont des systèmes dont l'intransigeance éloigne parfois l'homme de Dieu. Concernant le Christ, il n'est point un dogme, mais une sublime porte ouvrant sur la Lumière du Père. Les êtres humains de toutes races, de toutes confessions gagneraient à regarder le Christ avec Amour. Ils se sentiraient, en retour, tendrement aimés et enclins à fraterniser. Oui, le Seigneur Jésus-Christ est l'unique voie de salut.

Dieu crée avec le Verbe d'Amour. Cette magnifique vibration, qui procède de son Esprit, se propage dans l'Univers, tel un souffle unique, immuable et éternel. Force dynamique universelle à l'origine de toutes choses, l'Amour est donc la pierre angulaire de l'édifice humain. Grâce à lui, l'humanité n'est pas seulement un ensemble de corps différenciés, mais une union d'âmes. Le plus grand génie humain n'aurait su concevoir cette essence subtile.

Concernant l'évolution, elle demeurerait une vaine espérance s'il n'existait un désir de perfection dans l'unité d'Amour. Au sein du Céleste, nul ne combat pour survivre ni ne nourrit l'envie de dépasser l'Autre. Chacun s'y sent, au contraire, incité à servir avec humilité dans le respect de l'ordre divinement établi. Après avoir séjourné dans le giron d'une telle harmonie, les âmes éveillées ne peuvent que s'évertuer à œuvrer pour la Lumière de Dieu lors de leur retour sur le plan terrestre.

Les êtres humains manquent, bien souvent, de bienveillance les uns envers les autres. À cause de la vague absurde de violence, qui déferle de nos jours sur la planète, pareil discours sur l'Amour fait figure d'idéalisme. Ce monde souffre d'un mal que, pourtant, seul l'Amour peut guérir. Celui-ci transcende les particularités individuelles et provoque l'émergence de ce désir d'union auquel tout un chacun aspire en son for intérieur. De fait, les êtres humains ne parviennent pas à vivre de façon fraternelle. Une fraternité n'est pas une immense population homogène, mais une humanité riche de ses différences raciales ou culturelles et ayant atteint un niveau d'évolution suffisant pour vivre en harmonie. Dès lors, les affrontements ou autres violences font figure de comportements archaïques.

Malheureusement, l'humanité est encore à mille lieues d'une belle union fraternelle. En effet, elle demeure prisonnière de pulsions instinctuelles ressortant de l'ego. Elle n'honore pas finalement la magnifique capacité d'aimer dont Dieu l'a douée. En tout état de cause, elle ne pourra s'élever véritablement en reléguant l'Amour parmi les utopies, voire les idéaux mystiques. Par conséquent, il lui faut apprendre à accepter de recourir à la Sagesse de Dieu en nombre de domaines. Ce qui ne signifie pas de se mettre en prière pendant des heures, mais de se sentir en intimité avec Lui. Il n'est en rien un personnage lointain, un patriarche perché au sein de l'empyrée. L'âme humaine n'existerait pas sans le Créateur.

Lorsque nous le prions avec sincérité, nous expérimentons l'Amour du Christ … semblable à un souffle zéphyrien au fond de nous. Il nous aide à nous détourner de ces travers qui enténèbrent notre cœur et qui s'opposent à la Lumière. La charité, la bonté, la compassion sont des déclinaisons de l'Amour. Le Christ n'a eu de cesse d'enseigner ces beaux sentiments au cours de son passage sur Terre. Sa divinité devrait faire l'unanimité, car je rappelle qu'elle n'est point un dogme. L'erreur consiste à réduire sa Vérité à une croyance. En tout état de cause, c'est par lui que l'on arrive au Dieu Père d'Amour.

Les intégrismes induisent à des comportements extrêmes et indignes d'un vrai humain. Invoquer Dieu pour les justifier est aberrant, vu que Celui-ci est Amour et qu'il ne saurait donc soutenir des œuvres criminelles. Par ailleurs, il est faux de croire qu'il punit ou condamne. En vertu de l'Ordre instauré par Lui, les âmes doivent réparer les mauvais actes, voire les crimes accomplis par l'ego. Un mystère ésotérique qui n'est pas accessible à l'entendement humain.

Dieu enjoint l'homme à dépasser sa piètre animalité, mais Il n'ignore guère, toutefois, la difficulté de ce dernier à renoncer à l'appel de ses basses passions.

Chapitre 5

Un panislamisme souterrain

Des termes redondants

Si elles diffèrent, les appellations des adeptes du Coran ont un contenu identique. Amoureux de l'ambiguïté, les dignitaires de l'islam prétendent qu'il y a lieu de ne pas associer le musulman à l'islamiste. Dans un chapitre précédent, nous avons vu les deux faces de l'islam. La distinction sémantique trompe la communauté non-musulmane tout en empêchant, en définitive, les dissensions communautaires. Évidemment, il serait excessif d'affirmer que tous les musulmans désirent la mort d'adeptes d'autres religions, notamment des chrétiens et des juifs. Un certain nombre souhaite mener une vie paisible en Occident. Néanmoins, ces gens n'ont pas conscience d'appartenir à une majorité passive que la minorité active et radicale assujettira le moment venu. Ce qui ne représentera pas un vrai obstacle, puisque tous les musulmans ont le cœur tourné vers une même aspiration. Le discours sur la grandeur de la nation islamique, sur l'obligation de tout musulman à se soumettre à la loi d'Allah convaincra nombre de ces soi-disant modérés à devenir de fidèles salafistes. Peut-être même, cet état de choses entraînera-t-il beaucoup de conversions.

Ce qui distingue les musulmans, c'est la référence à deux types de versets : ceux dits mecquois et ceux dits médinois. Ainsi les uns ne retiennent de l'islam que sa partie tolérante (*conçu soi-disant à La Mecque*) et les autres rejettent tout ce qui contrevient à un mode de vie rigoriste, voire moyenâgeux (*conçu soi-disant à Médine*). Ces visions opposées se rejoindront néanmoins dans l'idéal commun d'une grande « oumma » (*communauté musulmane*) et, donc, d'un islam conquérant. Partant du postulat que l'intégrisme consiste à vouer un culte à l'idéal de Mahomet, lors de la fondation de l'islam, tout musulman est forcément intégriste ; car il ne saurait renier cela sans se mettre en situation d'apostat.

Combien de musulmans ont vraiment lu le Coran en entier ? En réalité, beaucoup n'en ont qu'une connaissance superficielle à partir des enseignements d'imams soucieux de n'en distiller qu'un texte émondé de ses pires admonestations contre les chrétiens et les juifs. Une population musulmane modérée et, surtout, en mesure de se fondre dans la population occidentale a été intelligemment constituée. Un ordre est en marche qu'il ne sera pas facile d'arrêter, dès l'instant où l'islam est perçu comme une religion concurrente de la chrétienté et du judaïsme principalement.

Les gouvernements occidentaux voient du radicalisme dans l'adoption de stricts préceptes et dans l'engagement au sein de groupes djihadistes. Les actes terroristes sont présentés comme le fait de fondamentalistes, d'islamistes intégristes qui ne seraient en rien de vrais musulmans. Un argument fallacieux, vu que ces gens s'inspirent des « hadiths » du Prophète.

« *Le Prophète a dit : "Une seule tentative (de combat) pour la cause d'Allah le matin ou l'après-midi est meilleure que le monde entier et ce qu'il contient"* » (récit d'Anas ibn Malik, Bukhari LII 50).

« *L'apôtre d'Allah a dit : "Sache que le paradis est à l'ombre des épées"* » (récit d'Abdullah ibn Abi Aufa, Bukhari LII 73).

« *Le messager d'Allah a dit : "Celui qui meurt sans avoir combattu sur le chemin d'Allah et n'a pas exprimé le désir de combattre pour le jihad meurt de la mort d'un hypocrite"* » (récit d'Abu Huraira, Muslim XX 4696).

« *Le Prophète a dit : "Celui qui participe à la guerre sainte pour la cause d'Allah, et si rien ne l'y oblige à part la croyance en Allah et en ses apôtres, sera récompensé par Allah par une récompense, un butin ou par l'entrée au paradis"* » (récit de Abu Huraira, Bukhari II 35).

« *Le Prophète a dit : "J'ai reçu l'ordre de combattre les hommes jusqu'à ce qu'ils attestent qu'il n'y a pas d'autre dieu qu'Allah et que Mahomet est son serviteur et son Prophète, qu'ils se tournent vers notre Qibla, qu'ils mangent ce que nous sacrifions et qu'ils prient comme nous"* » (récit d'Anas ibn Malik, Dawud XIV 2635).

« *L'apôtre d'Allah a dit : "J'ai été désigné pour combattre les gens jusqu'à ce qu'ils disent : personne ne peut être adoré sinon Allah. Et s'ils disent cela, qu'ils prient comme nous prions, se mettent en face de notre Qibla, sacrifient ce que nous sacrifions, alors leur sang et leurs biens seront sacrés pour nous"* » (récit d'Anas bin Malik, Bukhari VIII 387).

« *[Le Prophète a dit] : "Ne sont pas égaux ceux des croyants qui s'assoient et ceux qui combattent pour la cause d'Allah"* » (Zaid ibn Thabit, Bukhari LX 116).

« *Le messager d'Allah a dit : "J'ai été désigné pour combattre contre les hommes aussi longtemps qu'ils ne disent pas : il n'y a de dieu qu'Allah"* » (récit d'Abu Huraira, Muslim I 29).

« *Le verset : "Vous (les musulmans) êtes le meilleur des peuples jamais créés dans l'humanité." signifie le meilleur des peuples pour les gens puisque vous les avez amenés enchaînés par le cou jusqu'à ce qu'ils se convertissent à l'islam* » (récit d'Abu Huraira, Bukhari LX 80).

Mahomet appelle le croyant (*sous-entendu le bon musulman*) à se conformer à la sunna. « *Et celui qui fait revivre ma sunna m'aime. Et celui qui m'aime sera avec moi dans le paradis* ». Voici un « hadith » que tous les fidèles connaissent. Par conséquent, ceux qui s'écartent du mode de vie dicté par Allah sont à l'évidence de mauvais musulmans. Le pieux fidèle ne saurait ainsi se reconnaître dans le modèle sociétal occidental. Aussi se sent-il conduit à rejeter celui-ci. Hiatus culturel qui empirera et qui ne disparaîtra qu'au moment de l'avènement d'un gouvernement islamique.

Le salafiste est un musulman ultra-orthodoxe qui prône le retour à l'islam des origines par l'imitation de la vie de Mahomet et de ses compagnons ensuite. Il trouve sa lumière dans le Coran et ses repères de vie dans les « hadiths »[23] du Prophète. Toute critique de l'islam est, pour lui, blasphématoire. De même, le culte des saints est contraire à la foi en l'unicité divine. Si tous les salafistes défendent l'idée d'un islam de conquête, ils n'ont pas la même vision de cet objectif. Partant, ils ne sont pas tous des partisans de la lutte armée :

- Les quiétistes, proches du wahhabisme[24], aspirent à vivre selon les prescriptions coraniques tout en prenant soin de respecter les lois en vigueur au sein du pays qu'ils habitent. Ce salafisme littéraliste et de prédication est largement majoritaire en ce monde. Son idéal de transformation de la société et, par-delà, du monde doit avoir lieu via un djihad souterrain et pacifique. Ainsi les quiétistes réprouvent le terrorisme et les opérations kamikazes en Occident. Ils pensent que ces gens servent mal la cause islamique et mettent en danger la constitution d'une vaste « oumma » (*communauté musulmane*) en ce monde.

- Les djihadistes appellent, pour leur part, les vrais fidèles d'Allah au combat contre les non-musulmans et les mauvais musulmans. Ce type de salafisme date de la rencontre entre la

---

[23] Recueil qui comprend l'ensemble des traditions relatives aux actes et aux paroles de Mahomet et de ses compagnons

[24] Wahhabisme et salafisme représentent deux courants étroitement liés (le salafisme étant un dérivé du wahhabisme) et à l'origine d'une doctrine prônant un islam rigoriste. Le terme salafisme vient de « salaf » qui signifie en arabe : prédécesseur, ancêtre

doctrine traditionaliste saoudienne et la stratégie de conquête du pouvoir par les Frères musulmans. Ses partisans ont à cœur de libérer les pays musulmans des occupations étrangères, voire de régimes infidèles. Ils fustigent, par ailleurs, ceux qui choisissent la voie de la diplomatie envers les gouvernements occidentaux. Combattants d'une cause juste, ils estiment que l'instauration d'un État islamique mondial et, donc, de la justice d'Allah sur Terre passe par l'épée. De fait, ce salafisme va de pair avec le terrorisme. À noter que Mahomet institua, de son vivant, deux niveaux de croyants :

« *Le Prophète a dit : "Ne sont pas égaux ceux des croyants qui s'assoient et ceux qui combattent pour la cause d'Allah"* » (Zaid ibn Thabit, Bukhari LX 116).

Comme déjà explicité, le djihad peut être mené de deux façons. La plus extrême consiste à éradiquer la société libérale et à éliminer ses partisans jusqu'à leur soumission à l'ordre coranique. Au nom d'Allah, les partisans de ce djihad trouvent juste de tuer et saint de mourir en martyr. Des dires de Mahomet, ils tiennent la montée de leurs âmes vers un jardin paradisiaque peuplé de merveilleuses jeunes filles vierges. Triste doit être la déception de ces âmes quand elles chutent dans les profondeurs du Léthé.

À l'inverse, les tenants du djihad sournois préconisent d'amener le plus possible de non-musulmans à se convertir et s'efforcent de pénétrer les institutions en vue de permettre une extension de l'islam par la voie pacifique. Cet insidieux djihad est plus terrible que le premier ; car il convertit les esprits et institue un ordre irréversible. Les signes ostensiblement religieux ont vocation à accoutumer les non-musulmans à l'islam, à susciter leur curiosité ... les jeunes générations, surtout, qui sont intellectuellement malléables.

En laissant le salafisme gangrener l'Occident, les dirigeants des pays, qui le composent, exposent les autochtones chrétiens ou juifs à des lendemains dramatiques. Les Orientaux sont des gens habiles qui se plaisent à exploiter l'angélisme et le laxisme des Occidentaux. Démocratie oblige ! Il est temps pourtant de réaliser la menace qui pèse sur la société civile occidentale.

Les salafistes attendent l'heure de vivre dans une société conforme à leur idéal islamiste et à soumettre, par ce biais, tous ceux que le Coran nomme les mécréants. Ils sont en train de gagner sur le front de la sémantique en faisant admettre que salafisme ne rime pas nécessairement avec intégrisme criminel. Partant, les démocrates sont partagés sur le fait de stigmatiser ou non les salafistes ; car ils ne comprennent pas, en réalité, l'islam et ses mouvances. Aussi certains voient-ils en eux des intégristes violents à emprisonner et d'autres des individus qu'il faut sanctionner uniquement au cas par cas. Les premiers estiment que la revendication de la pratique de l'islam des origines sur le sol européen n'est pas associable à un délit.

Les musulmans modérés craignent, quant à eux, que la population non-musulmane finisse par confondre islam et violence terroriste, puis qu'un ras-le-bol de ces derniers n'engendre une montée dramatique de l'islamophobie. Mais ils bénéficient de l'aide de la plupart des gouvernements et des politiciens occidentaux, lesquels s'empressent – après chaque attentat – de faire un distinguo entre musulman et djihadiste criminel. Le but est d'éviter une psychose et, dès lors, un dangereux rejet pouvant déboucher vers de terribles affrontements de rue. Concernant les dignitaires et autres personnalités musulmanes, ils s'efforcent de convaincre l'opinion publique sur le caractère tolérant et pacifiste de l'islam en participant aux débats ou aux manifestations contre le terrorisme oula barbarie ; quoiqu'ils prennent soin d'entourer leurs propos d'une belle ambiguïté.

Chapitre 6

Une « oumma » mondiale en constitution

Les musulmans sont nombreux en Occident, alors que les chrétiens ne sont qu'une faible minorité dans les fiefs islamiques, voire une communauté en voie de disparition. En outre, les quelques centaines de mille n'y ont point droit de pratiquer librement leur culte. En rejetant les non-musulmans (*ou mécréants*), ces pays se conforment aux prescriptions intolérantes et assassines du Coran. Certes, les actes ou prises de positions contre le système politico-religieux établi ou contre le Prophète sont sujets à des sévices divers, à l'emprisonnement et, plus souvent, à la peine capitale.

Parce que Mahomet a fondé l'islam avec l'objectif de l'étendre sur tous les continents, les États musulmans se font un devoir d'empêcher toute autre religion de rompre cette unicité apparente. Parallèlement, ils œuvrent pour une extension de celui-ci en Occident et ailleurs … de façon à demeurer fidèle à l'idéal islamique. Quant aux intégristes, ils comptent bien élargir la « oumma islamiya » (*nation islamique*) par la force, si nécessaire.

« *Un musulman fort est meilleur qu'un musulman faible* », dit le Coran. Un djihad qui est facilité par les médias classiques ou internet et par la croissance exponentielle de l'engagement de jeunes de tous horizons. À travers la lutte et le sacrifice, ces combattants poursuivent la sainteté.

Le Coran stipule qu'Allah a donné à l'islam le primat sur toute autre religion ici-bas. Il s'infère que les musulmans croient que ce serait le trahir que de ne pas s'employer à concrétiser sa volonté. Ils rêvent ainsi de parvenir à transformer l'Occident en un vaste État islamique et de plaire subséquemment à Allah. Ainsi les individus n'y vivront plus d'une façon pécheresse, mais sous la gouverne de l'ordre coranique.

L'islam est, à la fois, un système politico-religieux et une communauté. Communauté qui est centrée sur cinq piliers et scellée par la « sunna Allah » (*règles d'Allah*). Les prières prescrites, l'aumône légale, le jeûne du mois de ramadan, le pèlerinage à La Mecque constituent des obligations individuelles revêtant une valeur sociale. Elles sont le blason de l'islam, les rites constitutifs de la « oumma ». Ce sont aussi les temps forts d'un vouloir vivre ensemble qui s'étend, de proche en proche, aux relations familiales, sociales et politiques. « *Vous êtes la communauté la meilleure qui ait surgi parmi les hommes ; vous commandez le bien, vous interdisez le mal, vous croyez en Allah* », dit la sourate 3 au verset 110. L'agir humain est étayé par les valeurs de base reçues d'Allah à travers Mahomet. À côté des devoirs cultuels, l'enseignement coranique et traditionnel fixe les règles morales et le type de relations humaines devant régir la société. La fusion du religieux et du politique permet l'instauration d'une civilisation musulmane.

La « oumma » est semblable à une cité gouvernée par Allah, lequel édicte les lois et le mode de vie. C'est en définitive une cité temporelle, miroir de l'islam. Les pays musulmans agissent en secret pour le progrès de celle-ci dans le monde. Les partisans du salafisme sont les plus actifs. Au-delà de leurs différends politiques ou de leur adhésion à telle ou telle mouvance, ils partagent la même fierté d'appartenir à cette communauté qu'Allah place, via le Coran, au-dessus de celle qui s'évertue à demeurer dans le camp de la mécréance. Cela les réunit et transcende leurs perceptions différentes. « Umm » (*qui signifie « mère »*) est la racine de « umma » et donne donc l'idée d'une communauté de foi liée par le sang. La « umma » ou « oumma » trouve sa réalisation dans l'État islamique au sein duquel est censé présider une indéfectible morale. Certes, le Décalogue de la Bible a largement inspiré les règles coraniques et leurs conséquences sociales. D'ailleurs, les sourates de l'époque médinoise recopient certains commandements bibliques.

Les dirigeants des pays occidentaux n'ont jamais pris la peine de lire le Coran. Ils choisissent aussi d'adopter une position laxiste par pur esprit démocrate. Sauf celui-ci, ils décréteraient la nécessité d'encadrer la présence de l'islam sur leur sol. La pratique de la religion chrétienne n'est-elle pas purement et simplement prohibée dans les pays musulmans ? Par fidélité à la laïcité, les nations occidentales ne se qualifient pas de chrétiennes, mais d'États démocrates. Ainsi, par respect pour les droits de l'Homme, ce système politico-religieux peut prospérer librement sur le vieux Continent. À n'en pas douter, les dignitaires musulmans revendiqueront, un jour, une égalité de traitement entre les minarets et les cloches des églises. Ou bien l'Église sera sommée de ne plus faire sonner ces dernières pour ne pas indisposer les adeptes de l'islam. Dès qu'ils seront assez nombreux, ils éloigneront les Occidentaux de leur tradition judéo-chrétienne ... mais, d'ailleurs, ils s'y emploient d'ores et déjà. En permettant à la trame islamique de s'élaborer souterrainement, l'Occident s'expose à des lendemains difficiles. L'attachement à la démocratie n'implique pas le reniement de nos vieilles racines. Il ne s'agit pas de haïr ou de maltraiter les musulmans, mais d'analyser avec lucidité le projet poursuivi par l'islam. Car la « oumma islamiya » (*communauté islamique*) est en constitution de manière plus active qu'on ne le croit.

Fort de leur ruse légendaire, les Orientaux se jouent de la naïveté des Occidentaux. De fait, ils en profitent pour pénétrer les institutions et l'espace politique. Si les musulmans lambda ne sont pas les acteurs de ce projet de nation islamique, ils en seront forcément demain les participants. Les plus modérés deviendront les otages du nouvel ordre. En tout état de cause, la peur des représailles les rendra vite obéissants et heureux, en définitive, d'assister à la victoire de l'islam. Je le répète, la religion islamique n'est pas une religion comme les autres. Les recteurs des mosquées la présentent comme l'égal du catholicisme pour des raisons stratégiques. La particularité de ce système réside dans son esprit guerrier, conformément à la façon dont Mahomet l'imposa de son vivant aux peuples arabes. Lorsque la « oumma » sera arrivée à maturité, les non-musulmans devront se soumettre au diktat imposé.

Chapitre 7

L'islamisme : une inéluctabilité ?

L'Occident est-il d'ores et déjà condamné à subir la fatalité de l'impérialisme islamique ? En 1956, André Malraux a déclaré : « *C'est le grand phénomène de notre époque que la violence de la poussée islamique. Sous-estimée par la plupart de nos contemporains, cette montée de l'islam est analogiquement comparable aux débuts du communisme du temps de Lénine. Les conséquences de ce phénomène sont encore imprévisibles* ».

Ce penseur visionnaire considérait la constitution d'une grande Europe comme une utopie sur le plan politique. Il estimait que l'unité de ses membres nécessitait l'émergence d'un ennemi commun et que cela pourrait être l'islam. Or, aujourd'hui, l'Occident se trouve confronté au problème de l'expansionnisme de l'islam. De fait, nombre d'individus de cet espace de tolérance, mais guère une majorité toutefois, commencent à regarder celui-ci d'un œil moins tolérant.

L'islamisation de l'Occident serait un grand drame ; car les non-musulmans s'y trouveraient soumis à la « dhimmitude »[25]. À l'instar des actuels chrétiens coptes, chaldéens, orthodoxes ou nestoriens d'Irak, de Syrie et d'Égypte, ils seraient amenés à fuir la persécution. Le Coran qualifie les chrétiens de piètres adorateurs de la Sainte Trinité et, donc, d'associationnistes ou d'associateurs. Les juifs y sont, quant à eux, accusés de déviationnisme. Ce jugement étant censé venir d'Allah, il importe de suivre la voie de l'islam ou de périr.

---

[25] La dhimmitude vient du mot arabe « dhimmi », lequel désignait les Juifs et les Chrétiens indigènes gouvernés et protégés par la loi islamique

Les islamistes divisent le monde en deux camps opposés : le « Dar al Harb » ou Maison de la guerre gouvernée par les infidèles et le « Dar al Islam » ou Maison de la paix sur laquelle préside la loi de l'islam. Selon eux, c'est par le djihad que la théocratie islamique évincera les gouvernements mécréants. Musulmans orthodoxes et islamistes, des adeptes finalement d'un même courant, espèrent que l'ordre islamique suppléera bientôt à celui en place en Occident.

Nos vieilles traditions judéo-chrétiennes sont en péril. Mon allégation est-elle exagérée ? Le penser revient à ne pas mesurer les vraies intentions de l'islam. Évidemment, un débat objectif ne peut avoir lieu sur le fondement de ce système politico-religieux ; vu que nul n'est en droit de porter un jugement critique sur lui. Le fanatisme est inhérent à l'islam, étant donné la soumission aveugle à laquelle il contraint ses fidèles. Les musulmans, qui ne se soumettront pas demain au rigorisme des fondamentalistes, seront traités comme des apostats. Le Coran avertit que la malédiction d'Allah frappe les traîtres et les mécréants en terre d'islam, et ce, pour la purifier.

Des dignitaires musulmans tentent de dédouaner les agissements criminels des intégristes par l'évocation de l'Inquisition catholique et des anciennes violences perpétrées par les croisés. En troublant les esprits, ils parviennent à susciter des conversions.

Le Coran condamne les chrétiens d'une façon claire. Ainsi, dans les pays musulmans, un chrétien n'est pas autorisé à pratiquer sa religion ni à exhiber une croix autour du cou ou une Bible en public. En le faisant, il est passible de la peine capitale. Pourtant, en Occident, les musulmans ne sont jamais interdits de pratique ou lourdement condamnés pour port de signes religieux ou prosélytisme. Peu nombreuses sont les personnes lucides et qui voient l'épée de Damoclès suspendue au-dessus de la société occidentale.

La laïcité n'a pas que séparé la religion et l'État, elle a éloigné l'homme de Dieu. À cause de ce vide spirituel, nombre de jeunes non-musulmans occidentaux pourraient en arriver à vouloir le combler par le truchement de l'islam et la promesse de celui-ci d'une société meilleure. Les islamistes ont à cœur de déchristianiser notre vieux continent et d'y établir un califat qui fera respecter la « charia ». Sous le joug des traditions ancestrales musulmanes, ce continent entrera dans une ère obscurantiste où les non-musulmans auront le statut de « dhimmis »[26] et de parias.

Le vrai musulman est fier de sa religion, l'estimant seule capable d'insuffler de hauts principes à l'humanité. Or Daech, mais aussi d'autres pays d'Orient, ont fait ou font l'excellente démonstration de ce que serait un Occident transformé en État islamique.

La plupart des jeunes musulmans culpabilisent de n'être pas assez musulmans. Comme précisé plus haut, l'affirmation identitaire, via la religion, est forte pour ces gens. Archétype musulman, le Prophète est celui auquel ils aimeraient pouvoir ressembler. Par conséquent, la société occidentale actuelle ne permet pas, selon eux, l'épanouissement de l'islam. Ils aspirent à voir les non-musulmans reconnaître la sainteté de celui-ci et la nécessité de suivre la voie droite d'Allah.

Le « djihad » sournois consiste à infiltrer patiemment les pays occidentaux, afin de miner peu à peu leurs institutions laïques. Ainsi ses tenants préconisent de ne pas faire de différence entre la terre de mécréance (*Dar al-kuffar*) et la terre islamique (*Dar al-Islam*), une approche pragmatique consistant à

---

[26] Voir la note 25 au bas de la page précédente

préférer un prosélytisme actif et la prédication (*dawa*) plutôt que la force. Une fois la population musulmane majoritaire, il sera temps de lancer le « *djihad* » de conquête.

Abdallah al-Torabi, un islamiste soudanais déclara un jour : « *Nous faisons semblant d'être faibles jusqu'à ce que nous soyons forts* ». Cela résume bien la stratégie en cours en Occident. En n'analysant pas celle-ci avec sagacité, les dirigeants occidentaux exposent les populations de ce vieux continent à des lendemains tragiques. Une lecture sagace du Coran permet de saisir le but poursuivi par ce système politico-religieux. Celui qui refuse de se conformer aux observances d'Allah n'est qu'un pauvre infidèle. Ce qui signifie, en substance, que tout individu naît musulman. Mahomet ayant placé l'islam au-dessus des autres religions, l'évolution du monde vers une immense nation islamique apparaît donc logique. De l'avis des islamistes, l'humanité en retirera un réel bienfait.

Le journaliste athée et algérien Hamid Zanaz a écrit qu'islam et islamisme se confondent et que l'islam est une idéologie aux visées conquérante et totalitaire. Salman Rushdie (*auteur du roman « les versets sataniques », paru en 1989*) déclare aussi que le fondamentalisme ne saurait être dissocié de l'islam. Puisse le discours de ces hommes, ainsi que de tous ceux qui évoquent les dérives sectaires de l'islam, être entendu des Occidentaux. D'ailleurs, dans un document interne, les Frères Musulmans ne cachent guère leur but : détruire la civilisation occidentale de l'intérieur et permettre à la religion d'Allah de triompher. Les Constitutions des pays occidentaux seraient, dès lors, remplacées par un système autoritaire et négateur des droits les plus élémentaires.

Dans son livre intitulé « 2084 » (*paru chez Gallimard*), l'écrivain algérien Boualem Sansal (*cet économiste a mené une longue carrière de fonctionnaire en Algérie*) prédit une mondialisation de l'islamisme en Occident d'ici une cinquantaine d'années. Il argue que les signes y sont donc de plus en plus probants.

Quant à Kamel Daoud, un journaliste et écrivain algérien, il déclare que les peuples qui nient, voilent, enterrent ou tuent les femmes sont rétrogrades. Il ajoute que la femme voilée n'est ni plus ni moins que chosifiée. Toujours selon lui, il n'est pas normal que, dans le monde arabo-musulman, un imam autoproclamé puisse légiférer sur la manière pour un mari d'approcher sa propre femme. Sexualité, corps, condition des femmes… des thèmes qui occupent une place prépondérante dans la pensée de cet auteur, lequel dénonce la montée de l'islamisme.

Le Coran dit des non-musulmans, infidèles à Allah et à l'islam, qu'ils sont impurs (*kouffars*). Ibn Khaldoun[27] a écrit :

« *Voyez tous les pays que les Arabes ont conquis depuis les siècles les plus reculés, la civilisation en a disparu ainsi que la population. Le sol même paraît avoir changé de nature* » (Pensée tirée du livre « Les Prolégomènes » – Kessinger Publishing Co/2008).

Pour le Coran, les êtres humains ne sont pas égaux. Le verset 110 de la sourate 3 énonce :

« *Vous êtes la meilleure communauté qu'on ait fait surgir pour les hommes. Vous ordonnez le convenable, interdisez le blâmable et croyez à Allah. Si les gens du Livre croyaient, ce serait meilleur pour eux, il y en a qui ont la foi, mais la plupart d'entre eux sont des pervers* ».

Le musulman est par définition supérieur au non-musulman. Ainsi la conversion à l'islam permet de bénéficier de la considération d'Allah. Le refus d'obtempérer entraîne un état

---

[27] Historien, philosophe, diplomate et homme politique tunisien (1332-1406)

d'esclavage (*la dhimmitude*), voire la mort. Quelle que soit leur mouvance, l'ensemble des écoles de pensées musulmanes estiment que le djihad militaire est un devoir pour tout croyant. La sourate 9 au verset 29 stipule :

« *Combattez ceux qui ne croient ni en Allah ni au Jour dernier, qui n'interdisent pas ce qu'Allah et Son messager ont interdit et qui ne professent pas la religion de la vérité, parmi ceux qui ont reçu le Livre, jusqu'à ce qu'ils versent la capitation par leurs propres mains, après s'être humiliés* ».

La sourate 9 enfonce le clou aux versets 39 et 41 :

« *Si vous ne vous lancez pas au combat, Il (Allah) vous châtiera d'un châtiment douloureux et vous remplacera par un autre peuple. Vous ne Lui nuirez en rien. Et Allah est Omnipotent* ».

« *Légers ou lourds, lancez-vous au combat, et luttez avec vos biens et vos personnes dans le sentier d'Allah. Cela est meilleur pour vous, si vous saviez* ».

L'islam politique refuse clairement toute coexistence pacifique. Cette idéologie suprémaciste vise la soumission des non-musulmans, quitte à livrer un très long combat.

L'islam censé être né à la Mecque (*avant 622*) diffère de l'islam censé s'être renforcé à Médine (*après 622*), vu que Mahomet devint à Médine un guerrier et un chef d'État impitoyable. Ce fait explique l'existence de musulmans paisibles, de musulmans djihadistes et de musulmans oscillant entre ces deux catégories. Quoiqu'on ait vu précédemment que des islamologues réputés évoquent une écriture tardive du Coran, et qu'il n'a pas pu y avoir, par conséquent, l'abrogation d'un islam de la Mecque par un islam de Médine. En tout état de cause, celui qui s'est propagé poursuit l'idéal de conquérir le monde. Il prône des sanctions comme, entre autres, la mise à mort des apostats, la lapidation pour adultère, l'amputation de la main du voleur, voire énonce nombre de versets contraires aux droits élémentaires (*discrimination des femmes, discrimination des non-musulmans, discrimination des homosexuels, notamment*).

Quand des dignitaires musulmans arguent qu'il y a lieu de se garder d'une interprétation littérale du Coran, que l'islam a muté au fil des siècles et qu'il le fera encore, ils savent parfaitement cela impossible et que les fondements de l'islam demeureront invariables ; vu qu'il tient ses préceptes d'un livre dit incréé. Celui-ci affirmera toujours une différence avec les valeurs et les libertés démocrates occidentales.

D'ailleurs, les fondamentalistes condamnent la culture occidentale, la jugeant intolérable et moralement décadente. Leur désir est donc de l'anéantir et de faire triompher la « charia ». Aussi avertissent-ils leurs frères à propos des catastrophes guettant ceux qui s'associent avec les mécréants. L'idéal islamique aura finalement raison des musulmans de tous bords. La « oumma » constituera le creuset d'un grand rassemblement.

Comme je l'ai déjà précisé, les intégristes n'ont pas tous la même vision de l'expansion de l'islam. Il en est qui jugent que les actes terroristes compromettent le prosélytisme pacifique. Celui-ci représente, en effet, le vrai fer de lance de l'islamisation de l'Occident. Quant aux musulmans modérés, ils n'auront d'autre choix que de retrouver le chemin de l'islam authentique s'ils ne veulent pas subir le même sort que les non-musulmans.

L'islam tisse tranquillement sa trame en Occident. La stratégie islamique échappe, malheureusement, aux chefs des États, mais aussi aux populations, en son sein. Une première étape consiste à se fondre dans la société, à profiter en final du contexte démocrate et du goût des Occidentaux pour les droits de l'homme. Le jour où ils seront en position de force, les islamistes passeront à la deuxième étape, c'est-à-dire à la destruction systématique de la civilisation occidentale. Aujourd'hui, ils œuvrent en direction d'une mutation politique et rêvent du jour où les musulmans se lèveront comme un seul homme. Ils n'hésiteront pas alors à éliminer ceux qu'ils qualifient de vulgaires mécréants. L'histoire nous instruit sur l'atrocité de leurs crimes, même avec les leurs, quand ils ont le pouvoir.

En Occident, les musulmans considèrent la liberté religieuse comme un dû. Ils en appellent haut et fort aux droits de l'homme pour élargir le champ de ce qu'ils estiment légitime. En terre d'islam, un non-musulman n'est qu'un impie qui n'a que le droit de se faire discret. Les petits musulmans d'Afrique du Nord aiment chanter entre eux la comptine suivante : « *Demain c'est notre fête, les chrétiens seront nos chiens !* ». Le rejet des non-musulmans est omniprésent dans le Coran et les « hadiths ». En lisant ces textes, on est horrifié par leurs imprécations contre ceux qui refusent de se soumettre à Allah et à son messager. Ils y sont traités de mécréants, d'infidèles, de pervers, d'imbéciles et leurs âmes y sont promises à l'enfer lors du Jugement dernier.

Les pays qui tirent secrètement les ficelles de l'islamisation de l'Occident financent des groupes intégristes et agissent aussi par l'envoi de plus en plus de migrants de confession musulmane. La conversion constitue l'autre voie de cet expansionnisme islamique, laquelle s'avère être très active auprès des jeunes. Les convertis sont en réalité des individus naïfs qui prennent pour parole d'évangile les propos de ceux chargés de les embrigader. Peu entreprennent de lire le Coran, un bréviaire qu'ils trouveraient, d'ailleurs, ennuyeux, laborieux et pétri de contresens. Concernant les chrétiens apostats, entre autres convertis, ils n'ont jamais pris la peine de lire les paroles du Christ, sinon ils n'en seraient pas venus à faire allégeance à des écrits très éloignés de l'Amour que celles-ci contiennent.

Pour l'heure, l'islam progresse en ce monde et aspire au leadership, même si la chrétienté compte encore un plus grand nombre de fidèles (*deux milliards deux cents millions pour un milliard et demi environ de musulmans*). Contrairement à l'Occident, nul n'a le choix de sa religion dans les pays musulmans. Assurément, ces derniers craignent le charisme du Christ. Un fait qui les a amenés à interdire la pratique du christianisme. Malheureusement, les adeptes de l'islam prennent pour la vérité les dires du Coran sur Jésus-Christ, mais n'ont pas la perspicacité de chercher à le connaître mieux à travers le Nouveau Testament.

Au douzième siècle, des croisades eurent lieu vers l'Orient pour convertir les peuples de ce continent au catholicisme. Évidemment, cette violence orchestrée par l'Église n'honora guère la Lumière du Seigneur Jésus-Christ ; vu que Celui-ci n'a jamais rien dit ou fait qui soit contraire à l'Amour et, donc, à la paix. Partant, il aurait été plus judicieux de porter sa Parole d'une façon fraternelle, quitte à se heurter au refus des musulmans de suivre cette belle voie de Lumière. Désormais, l'inconscient collectif oriental porte les stigmates de cette brutalité perpétrée par les croisés. Les intégristes ne manquent pas, d'ailleurs, d'y faire régulièrement référence. Par conséquent, le vrai fidèle de l'islam entretient, en son cœur, le désir de venger ses ancêtres, persuadé par ailleurs qu'Allah ne manquera pas de punir, un jour, ces Occidentaux arrogants et colonisateurs, voire esclavagistes.

Naturellement, nombre de musulmans s'empresseront de dénigrer le contenu de ce livre. Nul doute que ceux, qui ont lu le Coran, appuieront le sérieux de ma thèse. Celle-ci dérangera assurément les dignitaires de ce système politico-religieux, vu qu'ils ont à cœur de répandre l'idée d'un islam de paix et de convertir tous ces gens qui boivent comme du petit-lait leurs affirmations … et, donc, qui se laissent abuser. Un puzzle se met en place qui signera, si rien n'est fait, l'étiolement des libertés propres au modèle occidental.

Chapitre 8

Un laxisme pro-islam

Le zèle démocratique

L'Occident a établi l'islam au rang de religion égale aux autres. En vertu de la liberté de culte, le musulman mérite la même considération qu'un chrétien, un juif ou tout autre. Placer l'islam sur un même pied d'égalité que le christianisme ou le judaïsme procède d'une regrettable méconnaissance de ce qu'il est en réalité. Car il n'est pas seulement une religion, mais un système politique, juridique et militaire. Il impose donc des règles de vie très éloignées de celles instituées par la République d'Occident.

Contrairement au judaïsme ou au christianisme, l'islam n'a jamais fait l'objet d'une critique objective, d'un débat sur ce qui est cher au cœur de tout démocrate : les droits imprescriptibles de l'homme. Les intellectuels arabes athées ou ayant renié l'islam sont interdits d'antenne, et ce, par peur de représailles terroristes et pour ne pas monter les communautés les unes contre les autres. Certes, la violence des islamistes dissuade nombre de penseurs, d'historiens et autres chercheurs d'exprimer publiquement le fond de leur pensée. Convenez qu'il s'agit là d'un inadmissible despotisme moral.

Depuis quatorze siècles, les musulmans ne sont pas soumis à Allah, mais à l'islam ... une dictature politico-religieuse. Les convertis devraient réfléchir à cette contrainte et se documenter sérieusement avant d'adhérer à cette idéologie. En effet, la « charia » se gausse de l'Article 18 de la Déclaration Universelle des Droits de l'Homme, lequel affirme le droit de chacun à changer de religion ou à exprimer librement ses convictions. En terre d'islam, l'apostasie équivaut à une trahison et mérite donc la peine de mort. Partant, des millions de musulmans prennent les juifs, les chrétiens et ceux qui se détournent de l'islam pour des mécréants qu'il faut combattre jusqu'à l'acceptation du chemin d'Allah. La sourate 9, verset 14 stipule :

« Combattez les infidèles ! Allah, par vos mains, les châtiera, les couvrira d'ignominie, vous donnera la victoire sur eux et guérira les poitrines d'un peuple croyant ».

Ses adeptes présentent l'islam sous le jour d'une religion de paix, tolérante, fraternelle ; alors que toute critique du Coran ou de Mahomet condamne aux pires sévices, voire à finir égorgé, pendu, crucifié ou le corps criblé de balles. Plus l'influence de l'islam grandit en Occident, plus la démocratie et les libertés y sont menacées. Les Occidentaux n'ont pas encore conscience de ce qui se trame à leur insu.

Les conquêtes islamiques sont responsables de dizaines de millions de morts, de l'anéantissement de civilisations entières. L'esclavage, l'excision des femmes, les exécutions sommaires ou pour des faits mineurs, le racisme envers les non-musulmans sont une réalité au sein des régimes islamistes. Par ailleurs, peut-on rester indifférent à la situation de millions de musulmanes que cette soi-disant religion d'amour relègue à un statut de sous-humain. En Occident, peu de gens savent que des madrassas (*écoles coraniques*) existent dans les banlieues à forte concentration musulmane où les jeunes ont le crâne bourré de préceptes coraniques. Dès lors, l'intégration de ces minorités dans la société démocrate est compliquée. Quant au crime d'apostasie, il renvoie à une condamnation archaïque et, en tout cas, à une époque révolue. Pourquoi, les musulmans refusent-ils d'analyser avec un esprit ouvert et lucide les travers du Coran ?

Les musulmans s'insurgent fréquemment du racisme de certains non-musulmans à leur endroit, mais ne s'alarment point de leur propre racisme envers les chrétiens et les juifs ; lequel pousse les plus radicaux à la barbarie et à s'adonner à d'ignobles crimes.

Ce qui n'est jamais le cas des chrétiens ou des juifs.

Par excès de démocratie, l'Occident a permis l'intrusion de l'islam dans sa société. À présent, il se trouve piégé par l'extension de cette religion qui revendique progressivement des droits identiques aux chrétiens : plus de mosquées, de salles de prières dans les entreprises ou les aéroports, droit d'afficher des signes religieux, puis, demain, officialisation de fêtes religieuses et autorisation de clamer les heures de prières au haut des minarets … entre autres.

Ne nous y trompons pas, les fondamentalistes aspirent à renverser le régime démocrate occidental, vu que celui-ci contrevient aux valeurs islamiques, et à instaurer un État religieux grâce auquel la loi d'Allah supplantera le mode laïque. De fait, un train est en marche qu'il sera difficile de stopper. Comme je l'ai déjà exposé, la majorité passive et modérée se trouvera un jour prise en otage par la minorité active ou islamiste. Le politique se confondra alors avec le religieux, comme les deux allaient de pair pour Mahomet.

Il est temps pour les Occidentaux de réaliser que fondamentalement l'islam n'est pas compatible avec une société libre et démocrate. D'ailleurs, les islamistes précisent que le Coran contient les principes essentiels sur la façon de gouverner un pays, la législation, les règles sociales et familiales, les transactions, etc.

Les « hadiths » du Prophète fournissent des détails sur tous ces points. Ainsi une nation islamique doit se référer au Coran, d'une part, et aux paroles et aux actes de Mahomet, d'autre part. Certes, ce dernier est, à la fois, une figure de proue et un personnage digne de vénération pour les musulmans.

La violence contenue dans nombre de versets du Coran ne favorise ni la paix ni la fraternité. De surcroît, la soumission à un Allah punisseur et vindicatif ne s'accorde pas avec l'esprit occidental. En tout état de cause, l'instauration de la « charia » déboucherait sur une guerre civile sanglante. On constate pourtant que l'islam progresse à la manière d'une tache d'huile … en Europe surtout.

Lorsque l'État islamique aura sournoisement détrôné la République en Occident, les autochtones y deviendront des étrangers et soumis à la dhimmitude. Dès lors, les islamistes conquérants feront souffrir les pires sévices à celles et ceux qui refuseront de se soumettre à l'ordre nouveau. Étant donné l'idéal qu'il poursuit, l'islam ne coexistera jamais vraiment avec la démocratie. En effet, la sunna Allah (*loi imparable d'Allah*) y est la norme à respecter absolument. Tout vrai fidèle de ce système politico-religieux ne peut donc que désirer en son cœur l'avènement d'un modèle de pouvoir islamique.

D'ailleurs, quel comportement les musulmans adoptent-ils dans les quartiers qu'ils habitent ? Ils s'y regroupent et y créent, parfois, des zones de non-droit où les non-musulmans se sentent étrangers. Quand les individus pensent en leur for intérieur appartenir à une autre culture et quand ils se montrent réticents à partager celle du pays où ils vivent, leur intégration est vouée à l'échec. Une minorité de musulmans présente sur le continent occidental est vraiment intégrée ; car le Coran leur interdit clairement de tisser des liens amicaux avec un chrétien ou un juif. Ainsi un fidèle de ce livre ne peut s'en tenir qu'à un semblant

Chapitre 8

d'entente. Évidemment, le fossé culturel est grand. Le nier, c'est souscrire à l'angélisme.

L'islam prône l'édification d'une cité parfaite, une société idéale où des prescriptions coraniques très rigides, et censées avoir été dictées par Allah, vilipenderaient les travers humains. Le fait d'être un partisan de la « oumma » musulmane rend forcément désireux d'un tel avènement. À l'image des pays musulmans actuels, cette cité se gausserait des droits de l'homme : libertés de conscience et d'expression, égalité, justice, dignité, notamment. Des militantes européennes issues de l'immigration s'inquiètent de l'islamisation en cours des esprits ; vu que les activités pour la jeunesse, au sein de quartiers sensibles de plus en plus vastes, profitent principalement aux garçons. Elles dénoncent l'interdiction faite aux filles de se déplacer sans le « hijab » (*voile islamique*) et « l'abaya » (*robe islamique qui couvre le corps sans cacher le visage*). Le Coran n'est pas tendre avec ceux ou celles qui dévient de la voie droite d'Allah. D'autre part, le tollé, voire la « *fatwa* »[28], provoqués par d'innocentes caricatures de Mahomet, prouvent, s'il en était besoin, la difficulté de pouvoir s'exprimer librement en terre d'islam. En Occident, par contre, les islamistes se servent habilement des droits de l'homme pour amener l'opinion publique à culpabiliser et pousser les autorités à condamner toute critique envers eux. Certes, la médiatisation de l'islam permet d'accoutumer les Occidentaux au fait musulman ; ce qui se traduit par nombre de conversions irréfléchies.

Concernant le droit de la famille, les dignitaires musulmans d'Europe réclament un système juridique parallèle. Le Coran faisant autorité pour ces gens, la loi républicaine s'avère inadaptée à un jugement selon les critères propres à celui-ci. Or

---

[28] Condamnation émise par un mufti (religieux musulman sunnite autorisé à émettre des avis juridiques)

accorder cette particularité, cette autonomie de droit à un groupe religieux correspondrait à un déni de notre chère démocratie. Cela équivaudrait aussi à légitimer la « charia ». D'ailleurs, la Cour Européenne des Droits de l'Homme a déclaré celle-ci incompatible avec les principes fondamentaux de la démocratie. Une étude du WZB (Centre scientifique et social de Berlin) révèle que 45% des musulmans européens souhaitent l'application de la « charia » en Europe, que 55% sont antisémites et que 85% sont homophobes. Or les médias se gardent bien de diffuser ces statistiques. La peur de dramatiques représailles justifie cette omerta.

Le « djihad » devient de plus en plus offensif sous la poussée des fondamentalistes qui constituent, en fait, la ligne avant de l'extension de l'islam. À côté de cette lutte armée, une propagande pacifique a lieu via les musulmans modérés ... lesquels brandissent des slogans comme « pas d'amalgame ! » ou « halte au racisme envers les musulmans ! » ou encore « honte aux islamophobes ! ». Les frères musulmans, le wahhabisme et le salafisme tissent leur trame sous le regard indifférent des dirigeants occidentaux.

Leur stratégie consiste à endoctriner le plus possible de personnes crédules et souffrant finalement d'un désarroi spirituel. Il convient de préciser que les Frères musulmans sont qualifiés de secte terroriste dangereuse par plusieurs pays d'Orient comme l'Égypte ou la Jordanie.

Par opportunisme, combien de chefs d'État d'Occident font preuve de laxisme en laissant faire pour apaiser les esprits et pouvoir profiter des milliards de dollars des monarchies du pétrole. Par ailleurs, dans le but d'aplanir les exacerbations antimusulmanes, les politiciens et les médias condamnent le terrorisme islamique tout en vantant le civisme des musulmans.

Fort de ce double langage, ces derniers réussissent à berner les non-musulmans.

On entend parfois des individus de confession musulmane prétendre que l'islam a libéré la femme, alors qu'il la réduit, au contraire, à un piètre statut.

N'est-il pas écrit dans la sourate 65 au verset 4 :

« *Si vous avez des doutes à propos (de la période d'attente) de vos femmes qui n'espèrent plus avoir de règles, leur délai est de trois mois. De même pour celles qui n'ont pas encore de règles. Et quant à celles qui sont enceintes, leur période d'attente se terminera à leur accouchement. Quiconque craint Allah cependant, Il lui facilite les choses* ».

Voici une claire injonction sur l'autorisation d'épouser une mineure à l'instar de Mahomet qui prit pour première épouse Aïcha à l'âge de six ans, un mariage consommé à l'âge de neuf ans. Il fit d'elle ensuite son épouse préférée. Partant, l'islam légalise un mariage prohibé par nos lois occidentales. Fort de cette attitude du Prophète, l'Iran fixe à neuf ans l'âge légal du mariage musulman. En tout état de cause, la femme n'est qu'une pauvre reproductrice et a le devoir de se soumettre aux désirs de son mari et maître. Allah l'ayant décidé ainsi, le législateur musulman ne fait pas cas des droits de la femme. Dans certains pays, elles vivent même un enfer. À l'exemple de l'Arabie Saoudite ou de l'Iran où la police surveille quotidiennement leur comportement et leur habillement.

Ayant adopté les usages juifs, qui refusaient la polygamie, Mahomet se contredisait en se comportant à la façon d'un polygame. Il justifiait donc cette dérive par le truchement d'une révélation spéciale d'Allah. Fort de celle-ci, il se permettait d'épouser plusieurs femmes et, d'ailleurs, il en eut un certain nombre. Ses mariages répondaient à un intérêt politique ou à la nécessité de conclure des alliances avec d'autres clans.

Les dignitaires musulmans font régulièrement référence à Averroès – un intellectuel arabe qui commenta abondamment et brillamment les œuvres d'Aristote – en vue de montrer que l'islam est compatible avec la raison, la modernité, le progrès et la laïcité. Or ils oublient de mentionner que ce philosophe fut une des nombreuses victimes de l'intolérance de l'islam. En effet, son ouverture d'esprit et sa modernité déplurent aux autorités musulmanes de l'époque. Jugé pour hérésie, il fut exilé et ses livres condamnés à un grand autodafé. Abu Al Walid Mohammed bin Ahmad ibn Rushd, alias Averroès, réprouvait, entre autres, le traitement infligé aux femmes au nom de l'islam – pareil à celui d'animaux domestiques ou tels des objets de plaisir – ainsi que leur interdiction de participer à la société à l'égal des hommes. Or, huit siècles après la mort de ce penseur, les musulmans continuent de reléguer la femme au nom d'un Coran dicté par Allah.

Un imam sunnite connu au Canada, un dénommé Hamza Chaoui, a écrit : « *La démocratie vient totalement à l'encontre des principes islamiques. En effet, elle permet à un fou, à un mécréant, à un homosexuel ou à un athée de diriger un pays. La démocratie aboutit à la profanation du Coran. Elle autorise les femmes à sortir moitié nue dans la rue* ». Il a dénoncé, à cause d'elle, la vente d'alcool, le prêt à intérêts et les jeux de hasard ... des actes prohibés par la « charia ». Évidemment, en terre d'islam, le peuple ne gouverne pas. La justice incombe aux « Grands muftis »[29] qui commandent aux imams d'instaurer les règles coraniques dans leurs mosquées. Le calife a, quant à lui, le grade de gardien de l'islam, de dirigeant de la « oumma ». Par conséquent, le citoyen musulman lui doit

---

[29] Le Grand Mufti est l'autorité religieuse et juridique la plus influente dans un pays musulman

obéissance. À l'instar de ses prédécesseurs, après la mort de Mahomet, ce sont les « oulémas » (*théologiens de l'islam, généralement sunnites*) qui le nomment chez les sunnites. Concernant les chiites, ils le choisissent selon le principe de l'imamat. Il revient donc à la communauté des fidèles de l'élire. Pour les croyants, il s'agit là d'un procédé grandement démocrate. En réalité, la majorité des musulmans étant sunnite, la désignation de celui-ci a lieu de manière autocrate. D'ailleurs, l'intransigeance islamique ne saurait tolérer une libre expression des valeurs démocrates.

Les islamistes rêvent d'arabiser l'Occident; ce qui serait une grande victoire pour l'islam. Les manuels scolaires traiteront demain des valeurs et textes musulmans si les gouvernements occidentaux continuent de tolérer cette invasion rampante. Les jeunes trouveront alors logique de se tourner vers l'islam, persuadés que celui-ci agit pour le bien de l'homme. Les Frères musulmans sunnites, bien implantés en Occident, aspirent à constituer une grande communauté obéissant aux principes les plus durs du Coran. Ils sont partisans d'un « *djihad* » cruel envers les peuples opposés à toute conversion. Les salafistes estiment plus judicieux, pour leur part, de provoquer une croissance de l'immigration, de faire que le taux de natalité des familles musulmanes soit supérieur à celui des non-musulmanes, puis d'infiltrer les sphères politique et médiatique. En se reproduisant plus vite que les non-musulmans, les musulmans s'efforcent de rompre l'équilibre ethnique dans les pays occidentaux. D'un côté, le Coran condamne l'assimilation au sein d'une terre mécréante et, de l'autre, il prône la nécessité de la dissimulation et de la tromperie (*doctrine islamique de la "Taqqiya" ou mensonge pieux*). Ainsi la sourate 3 au verset 28 dit :

« *Que les croyants ne prennent pas, pour alliés, des infidèles, au lieu de croyants. Quiconque le fait contredit la religion d'Allah, à moins que vous ne cherchiez à vous protéger d'eux* ».

Ibn Kathir[30], un grand commentateur du Coran, dont les écrits sont très lus aujourd'hui, écrivait : « *La tromperie est autorisée quand les musulmans sont vulnérables ou en position de faiblesse. Ils peuvent tromper les infidèles, faire semblant d'être amis avec eux* ». Il cite aussi la tradition : « *Nous leur sourions par-devant, mais nous les maudissons par-derrière* ».

L'islam est un système politico-religieux qui appelle à combattre les mécréants (*les non-musulmans*) jusqu'à ce qu'ils se convertissent et se soumettent. Les terroristes s'appuient sur de tels versets pour justifier leur barbarie. Quand les musulmans, dits modérés et paisibles, crient au « non-amalgame » avec les islamistes (*en prétendant que ces derniers sont de faux musulmans*), nombre d'entre eux dupent délibérément les non-musulmans.

Le monde occidental a tort d'ignorer l'ordre islamique en cours de constitution. La préservation des droits et libertés inscrits dans sa culture, mais aussi de ses traditions religieuses nécessite un grand débat.

---

[30] Juriste arabe musulman de mouvance chafiite (c'est-à-dire très traditionnaliste) (1301-1373)

Chapitre 9
La nécessité d'un vrai débat sur l'islam

Ne pas poser de questions et faire preuve de respect, telle est l'attitude de la majorité des politiciens, intellectuels, multiculturalistes, féministes, prélats (*le Pape en tête*) et autres médias. L'islam étant interdit de critique, il n'y a pas lieu de contredire publiquement ce que les dignitaires musulmans disent de lui. En le faisant, on risque d'apparaître raciste ou extrême droitiste, d'obombrer l'harmonie sociale et, pour un chef d'État, de se couper des dirigeants à la tête des pays musulmans. Quant aux chercheurs soucieux de mettre en exergue l'historicité de l'islam, d'une part, et ce que la tradition musulmane a fabriqué sur ce courant, d'autre part, ils s'interdisent bien souvent d'exprimer librement leurs pensées, et ce, par peur des représailles islamistes.

Heureusement, des historiens ou islamologues font le choix courageux d'éditer les résultats de leurs recherches. Les obscurités et les contradictions du Coran, la non-correspondance entre l'histoire officielle et les données archéologiques ou épigraphiques, les nombreux témoignages de contemporains faisant une tout autre narration les ont incités à procéder à un examen scientifique des textes sacrés de l'islam, voire à remonter loin dans le temps pour en retrouver les racines. Les pièces du puzzle, occultées par la tradition musulmane, ont été progressivement retrouvées. Concernant celles, volontairement mutilées, elles ont été restaurées. Les manipulations, les falsifications, les ajouts et les embellissements postérieurs aux faits et aux écrits originaux ont été écartés. Les scientifiques éminents, que sont Patricia Crone, Christoph Luxenberg ou Édouard-Marie Gallez, ont mis en lumière les éléments concourant à lever le voile sur la naissance de l'islam. J'ai exposé leurs thèses dans le chapitre consacré à celui-ci.

Ces derniers ont eu à élucider des points noirs, à dénouer un écheveau très emmêlé, à révéler un passé obscur. Pour leur part, les dignitaires musulmans crient au sacrilège, au blasphème, dès lors que des scientifiques trop curieux s'évertuent à mettre en lumière une vérité gênante, mais qu'il devient vital, pourtant, de rendre publique. L'aspiration de ce système politico-religieux à soumettre le monde, via des préceptes rigides, fera entrer l'homme dans une ère moyenâgeuse.

Les gouvernements démocrates d'Occident doivent se départir de leur laxisme. Il y a lieu de donner la primauté aux intérêts humains plutôt qu'à ceux d'ordre politico-économique. Il faut que les chercheurs en islamologie puissent éditer leurs travaux, même les plus inacceptables pour les musulmans.

Chapitre 10

Œuvrons pour la naissance d'un autre monde !

De l'évolution spirituelle

La pluralité des différences et, par conséquent, la magnifique diversité au sein de la création tout entière est un don sublime du Divin. Grâce à cette parcelle d'Amour en lui, l'homme peut arriver à dépasser ces archaïsmes qui le relient à d'antiques origines. Cela nous amène à réfléchir au sujet du besoin de domination de certains sur leurs semblables et, donc, d'un comportement de prédateur allant à l'encontre d'un humain évolué. En effet, nul n'est en réalité supérieur ou inférieur, mais simplement différent par ses aptitudes et sa personnalité.

L'être humain n'est-il qu'un animal intelligent et, malgré tous ses efforts, ne pourra-t-il vaincre ces pulsions archaïques participantes de sa nature ? Heureusement, il n'en est rien. Dieu a insufflé les âmes de beaux attributs. Ainsi l'évolution humaine est la conséquence de celle des âmes et non le contraire. Par leurs incarnations successives, elles grandissent et se perfectionnent.

La disposition fraternelle est de même innée, car inspirée par l'âme ; bien qu'il soit possible de la cultiver au contact d'autrui. L'âme n'est pas figée ; ce qui signifie qu'elle tire des enseignements au cours de ses échanges subtils avec celles qui l'entourent ou qu'elle rencontre. Toutefois, le fait que certains individus affichent, de façon spontanée, un penchant fraternel et que d'autres demeurent, leur vie durant, de sombres individualistes tend à mettre en exergue une impossibilité matérielle concernant la construction d'un monde fraternel. Cela ne se produira guère dans la décennie en cours et requerra même beaucoup de temps. La grande marche spirituelle de l'humanité n'aura lieu qu'après des passages drastiques dont Dieu est seul à connaître la fatalité.

L'homme doit-il changer, d'abord, en lui-même avant de vouloir changer le monde ? Ou, en d'autres termes, le changement du monde est-il consécutif à un changement intérieur de l'homme ? Vu que le monde est un ensemble d'êtres humains, il va de soi qu'il ne peut changer que si ces derniers le décident. Cependant, ils n'en viendront jamais à entreprendre un travail intérieur dans le seul but de faire évoluer le monde. L'ensemble stimule l'individuel, mais la masse n'entre en action que galvanisée par un leader.

Ceux qui entretiennent l'idée d'un monde composé d'agrégats ethniques, incapables de partager les mêmes valeurs, qualifieront de chimère mon propos. Or des valeurs différentes n'empêchent pas une entente fraternelle, pourvu qu'elles ne soient pas à l'opposé. Il n'en va pas ainsi des intérêts d'États qui peuvent être, par contre, des sujets de discorde. Ainsi la planète se trouve dans une situation potentiellement conflictuelle à cause des intérêts économiques, des différences de régimes, des antipathies religieuses, des haines raciales ou tribales, du passé historique ou du nationalisme notamment. Évidemment, la mise en lumière des points de tensions possibles tend à rendre absurde cet idéal fraternel.

Le passage vers une ère où prime l'humain n'aura lieu que si les peuples agissent pour la faire exister. En effet, il serait naïf de croire en cet avènement par l'action des gouvernements et, donc, par le truchement de simples accords entre États. Pour qu'il en soit autrement, il faudrait que les dirigeants à la tête des nations soient des humanistes soucieux de l'épanouissement de leurs administrés. Il s'ensuivrait l'instauration d'une vraie concorde, et surtout durable, grâce à une union fondée sur des valeurs profondément humaines. Il infère de ceci que seul un modèle nouveau peut permettre un tel progrès.

En évoluant spirituellement, les individus pousseront les religions à se remettre en question et à n'être plus, ce faisant, des systèmes castrateurs pour certaines. Du point de vue d'une majorité d'individus, croyance et religion sont inséparables. Le fait religieux pave l'histoire humaine, car il n'était pas censé de croire, jadis, en dehors d'une religion. Ce qui se traduit par une pléthore de courants religieux en ce monde qui sont autant de conceptions du Divin ou, parfois, de manières de le louer. S'il existait un moyen de sonder les âmes, il révélerait sans doute plus de conceptions encore. Car celles-ci ne sont pas égales et chacune possède sa propre personnalité. De surcroît, l'infinité de Dieu devrait entraîner une quantité d'aspects le concernant. Cela ne veut pas dire qu'on le retrouve dans chaque perception de la pensée humaine.

L'être humain a besoin de croire. Jusqu'à une époque pas si lointaine, les religions étaient une composante du paysage social. L'entrée dans l'ère de la post-modernité a fait peu à peu reculer l'influence de celles-ci en Occident et je subodore que l'emprise grandissante du capitalisme créera un phénomène analogue au sein des autres cultures de ce monde. Assistera-t-on vers 2050 à un désintéressement quasi général pour les religions et à l'expression d'autres désirs de foi ? Nous avons vu que le New Age s'est fortement développé en Occident à partir des années soixante et qu'il draine dans son sillage le bouddhisme, le chamanisme et autres croyances philosophico-ésotérico-spirituelles.

Dans une société où les individus sont éduqués à l'individualisme, l'ego domine. Ceux-ci y effectuent une recherche personnelle à travers des concepts tirés de la pensée philosophique indienne – Conscience Universelle, moi supérieur/moi divin, etc. – plutôt que par une vraie foi en Dieu. Le concept de « dieu conscient » correspond tout à fait à cette époque en recherche d'une vérité centrée sur l'homme-dieu. Des religions à la sainteté déficiente ou d'un autoritarisme moyenâgeux ne sauraient convaincre sur l'évidence d'un Père d'Amour sans lequel les gens ressentiraient un triste vide au fond d'eux. Tant de personnes s'égarent spirituellement, faute de ne pas savoir quel chemin emprunter. Or celui magnifié par la Lumière du Christ est assurément le plus bénéfique pour notre âme.

Nombre de personnes ont besoin de racines, de traditions tout en expérimentant des voies plus libres, plus personnelles que la stricte liturgie imposée par les grandes religions. L'être humain d'aujourd'hui est plus rationnel et plus analyste que celui des siècles passés. Cet état en conduit beaucoup à vouloir suivre des voies ésotériques et spirituellement sans intérêt, voire dangereuses. Dans les moments difficiles de son existence, même l'agnostique ou l'athée en appelle au tréfonds de son cœur à l'action d'une Haute Intelligence.

Dans le passé, les religions tissaient les civilisations et façonnaient la pensée des peuples. De nos jours, elles n'ont plus aucune suprématie sur les esprits ; hormis l'islam qui s'efforce de formater au moule de son dogme ses fidèles dès leur plus jeune âge. Mais le modernisme menace et, au fil des prochaines décennies, je subodore qu'il subira un sort identique au christianisme. Désormais, l'économie joue le rôle d'unificateur universel. Les matérialistes se sont détournés de Dieu pour adorer le profit et, à travers lui, l'argent. Ils n'ont pas conscience d'avoir ainsi soumis leurs âmes au bon vouloir de Satan. Conditionnés par la pensée matérialiste, leurs aspirations, leur bonheur, leur réalisation personnelle ne sont plus évalués que dans une perspective d'enrichissement. Il faut bien le reconnaître, idéal matériel rime avec pauvreté d'esprit. Il manque à ce monde un grand visionnaire, un homme en mesure de réveiller l'humanité sur les enjeux primordiaux et à mettre celle-ci face à son vrai destin.

Des mutations civilisationnelles auront lieu au cours de ce troisième millénaire. Car, en vertu d'une grande loi universelle, tout mute et décline un jour. Les civilisations émergentes tenteront d'imprimer leur mode de penser et de prendre ainsi leur revanche sur les anciennes. Car le monde est en train de se transformer en un grand village par le biais des technologies de communication. Celles-ci se développant sans cesse, les changements s'accéléreront et tout y deviendra plus rapidement obsolète. La technique se trouvera-t-elle forcée, un jour, à une limite ? Voilà un débat intéressant ! À part communiquer par la pensée à l'aide d'un moyen artificiel, quel système pourrait supplanter internet ? Naturellement, il y a encore beaucoup à faire avant de rendre celui-ci moral et fiable au niveau informationnel. Pour l'heure, il ressemble à une auberge espagnole et une quantité d'inepties y circulent.

Après être passée par les étapes nécessaires à l'apprentissage d'autres comportements, grâce auxquels la paix deviendrait une évidence, l'humanité parviendra-t-elle à poser les bases d'une société planétaire interculturelle ? J'imagine qu'un grand nombre d'entre vous trouvera cette question bien idéaliste, voire utopique. Il paraît impossible d'amener deux cent vingt-six nations à s'entendre sur des principes communs. Certes, cela n'est pas simple ! Il ne s'agit pas cependant d'une supra nation ni d'un rassemblement des peuples sous une gouvernance unique, mais plutôt d'une société mondiale et interculturelle. La fraternité, le respect de la culture et des traditions religieuses ainsi que l'égalité y seraient des impératifs immuables. De toute évidence, cette évolution ne pourrait avoir lieu avec des États continuant d'être gouvernés par des régimes disparates et, surtout, irrespectueux de la démocratie. Dès que ces derniers en viendront à élire un modèle identique, mais ouvert, ils progresseront vers cette forme de consensus. Dans le contexte actuel, c'est une gageure insensée. Une fois ce pas accompli, le monde actuel paraîtra alors bien antique.

Mon cœur nourrit l'espoir d'un être humain progressant vers son statut de vrai humain. C'est en renonçant aux pulsions, qui procèdent du vieil homme en lui, que ses envies évolueront. Il remettra donc en cause toutes ces vérités qui l'enchaînent à un énorme boulet et l'empêchent de gravir un sommet. En outre, ce combat contre des sentiments, apparemment ancrés dans sa nature profonde, a l'air d'un pari impossible. À l'évidence, il n'y parviendra qu'avec le soutien de Dieu et, par conséquent, en montrant une foi humble en l'Amour de Ce Dernier.

Chapitre 11
Le modèle d'une belle évolution humaine

Un modèle fondé sur un concept élevé empêcherait les dérives auxquelles on assiste aujourd'hui. L'éthique y aurait le primat et un rôle régulateur des domaines politique, économique, scientifique et social notamment. Il faudrait que les États en reconnaissent le caractère universel pour que le monde ne soit plus tiraillé entre des régimes disparates : démocrates, totalitaires, autocrates, oligarchiques, ploutocrates, religieux.

Pour l'heure, beaucoup trouveront ce concept plutôt flou et qualifieront d'utopique une telle évolution. Pour information, une théorie (*du nom de Triunicie*) précise les contours de ce modèle ; quoiqu'elle soit encore inconnue du public.

Pourtant, un tel modèle rendrait la société plus tranquille, harmonieuse et créative. Il apporterait un changement significatif du mode de vie des citoyens, puisque ceux-ci n'auraient plus à revendiquer le respect de leurs droits essentiels. De surcroît, les intégrismes religieux – particulièrement celui de type islamique – disparaîtraient par manque d'adeptes. Au sein d'une société attentive à l'épanouissement des individus, à l'entente des communautés entre elles et donnant la prééminence à l'humain, il n'y a pas de laissé-pour-compte ni de frustrations rampantes et sources de violences à terme.

La résistance au changement tend à freiner cependant les grandes évolutions. Les obstacles culturels, voire religieux, sont toujours les plus bloquants. Aussi, ce que j'évoque ici, requerra-t-il du temps. Mais je suis sûr que l'homme finira par prendre ce chemin que Dieu a tracé. Pour l'heure, l'attachement à ce monde l'induit à se perdre. Bien qu'un certain nombre d'individus trouvent celui-ci intransigeant et dénué de ces valeurs qu'un modernisme échevelé a vidées de tout contenu. Sur le plan écologique, l'humanité est et sera de plus en plus confrontée à des problèmes gravissimes. Elle devra absolument changer sa façon de produire et consommer, anticiper les effets dévastateurs de la surpopulation, faire en sorte de considérer d'un œil moins indifférent la Terre si elle veut pouvoir continuer d'y survivre. En une soixantaine d'années, elle a réussi à dégrader l'air, l'eau et les ressources de cette dernière ; alors que les premiers Homo sapiens sapiens sont apparus il y a 35 000 ans environ. Seul un modèle très différent permettra une prise de conscience universelle et, surtout, une action uniforme des États. L'homme n'est en rien propriétaire de la planète. Il a seulement le devoir de l'habiter avec bon sens. Les populations primitives croyaient en la nécessité de rendre à la nature ce qu'elle leur donnait. C'était là une bonne croyance que l'homme moderne gagnerait à raviver. Aujourd'hui, les peuples ne sont pas égaux face à la destruction de l'environnement. Celle-ci est l'œuvre de quelques dirigeants qui croient juste de privilégier les intérêts économiques et qui agissent, partant, avec un détestable égoïsme.

Par la foi en Dieu, nous éprouvons le besoin de respecter la Terre et nos semblables. Il est temps pour l'humanité d'ouvrir un débat responsable sur les questions qui précèdent. Grâce au modèle rapidement évoqué, l'homme prendrait un chemin apte à le faire grandir spirituellement et, donc, humainement.

Conclusion

Ce livre est-il islamophobe ?

Évidemment, nombre de fidèles de l'islam, les fondamentalistes surtout, utiliseront le raccourci de l'islamophobie pour qualifier le propos de cet ouvrage. Ils le prétendront, de même, raciste. Une façon de semer la zizanie parmi les gens qui croient que l'islam est une religion comme les autres, mais aussi d'empêcher le débat sur les vrais problèmes. J'affirme que mon discours n'est pas celui d'un islamophobe, mais d'une personne spirituellement responsable et qui estime de son devoir d'éveiller ses semblables non-musulmans sur le danger d'une islamisation de l'Occident.

Non, ce n'est pas faire preuve de racisme que de vouloir susciter un débat objectif sur ce système politico-religieux, mais de perspicacité démocratique. Je précise, d'ailleurs, que le terme raciste est inapproprié, car il ne s'agit pas du rejet d'une race, mais d'un système de pensée et, partant, d'une négation d'ordre culturel. L'islamiste vilipende tout négateur de l'islam, lui promettant même les feux de l'enfer, vu que nul n'est en droit de critiquer la vérité coranique. Celle-ci s'oppose toutefois à la démocratie, à la laïcité, aux droits de l'homme, aux libertés de pensée, de parole, de choisir ou de changer de religion et oblige, par contre, à se soumettre à la « charia ». La sauvegarde de nos libertés, conquises au prix d'un grand sacrifice, est indispensable avant l'atteinte du point de non-retour.

Croire que l'islam peut se moderniser, s'harmoniser avec la République occidentale est une hérésie. Car le Coran est dit incréé, c'est-à-dire œuvre d'Allah, et ses préceptes ou versets ne sauraient donc être remis en cause. Aussi les musulmans aspirentils, en réalité, à vivre dans un monde où ils pourront retrouver les codes que ce bréviaire enseigne. De surcroît, la majorité des musulmans est sunnite et le sunnisme prône l'orthodoxie islamique, à savoir la fidélité aux préceptes de la sunna (*à la tradition prophétique*). Nombre de musulmans sunnites se prétendent modérés, alors que leur désir profond est de vivre dans un monde gouverné par la loi coranique.

La mouvance concurrente du sunnisme est le chiisme. Celui-ci défend également un islam rigoriste, à l'instar des régimes iranien et irakien. D'autres minorités existent dans cet islam partitionné : les alaouites (en Syrie), les alévis (en Turquie), les druzes (dispersés dans le Proche Orient), les kharidjites (dans le sultanat d'Oman et au Maghreb). Ces dernières sont, de même, prôneuses d'une vision traditionaliste. Mais comment pourrait-il en être autrement ? La doctrine islamique est, comme nous l'avons vu, d'essence guerrière et conquérante.

N'en déplaise aux musulmans voulant faire croire en un islam tolérant, pacifiste et d'amour, il ne manque pas de versets faisant la démonstration du contraire. Le croyant y est enjoint à se soumettre, à se sacrifier, à mourir pour un Allah punisseur et on ne peut plus exigeant. Ce dernier ne ressemble en rien au Dieu Père qui créa l'homme avec le Verbe d'Amour.

Pour en revenir au thème de ce chapitre, à savoir une supposée islamophobie du discours de cet essai, il est important de signaler à nouveau que permettre à l'islam de progresser librement en Occident revient à sacrifier les valeurs chères à la démocratie. Car la loi inhérente à celui-ci n'est en rien compatible avec le modèle occidental et ses traditions millénaires. Certes, les musulmans font en sorte de fondre leur croyance dans le système sociétal républicain d'Occident, et ce, en diffusant une fausse idée de ce qu'elle est. Ainsi celle-ci peut progresser tranquillement à l'abri des droits de l'homme. Peu d'Occidentaux savent réellement à quoi ressemblerait une société régie par la loi islamique.

Les dignitaires musulmans ont réussi à faire pointer du doigt par leurs semblables, puis à qualifier de racistes et d'individus dangereux pour l'ordre communautaire, les opposants à cette expansion. Ils vont jusqu'à tenter de faire condamner ces derniers par des tribunaux dont ils réprouvent, en réalité, la légitimité. Au nom des droits de l'Homme et de la démocratie, ils peuvent avoir pignon sur rue en Occident et, donc, y faire du prosélytisme ... pendant que les chrétiens disparaissent au fil des mois en Orient et autres pays musulmans.

L'article 19 de la Déclaration Universelle des Droits de l'Homme énonce :

« Tout individu a droit à la liberté d'opinion et d'expression, ce qui implique le droit de ne pas être inquiété pour ses opinions et celui de chercher, de recevoir et de répandre, sans considérations de frontières, les informations et les idées par quelque moyen d'expression que ce soit ».

Les musulmans fondamentalistes ou non doivent lire attentivement cet article avant de traiter d'islamophobe toute personne qui juge important de mettre en exergue les travers et le vrai projet de l'islam.

Table des matières

Introduction 9
Chapitre 1 11
   Pour une bonne compréhension de l'islam 11
Chapitre 2 43
   Le livre de la doctrine islamique 43
Chapitre 3 67
   Une mise au point indispensable 67
Chapitre 4 85
   La consubstantialité du Dieu d'Amour 85
   et du Christ 85
Chapitre 5 89
   Un panislamisme souterrain 89
Chapitre 6 97
   Une « oumma » mondiale en constitution 97
Chapitre 7 101
   L'islamisme : une inéluctabilité ? 101
Chapitre 8 111
   Un laxisme pro-islam 111
Chapitre 9 121
   La nécessité d'un vrai débat sur l'islam 121
Chapitre 10 123
   Œuvrons pour la naissance d'un autre monde ! 123

Chapitre 11 129
  Le modèle d'une belle évolution humaine.........................129
Conclusion 131
  Ce livre est-il islamophobe ?...131

Dépôt légal : Mars 2023

© 2023, François de Calielli

Imprimeur et éditeur :

Édition : BoD – Books on Demand, info@bod.fr
Impression : BoD – Books on Demand,
In de Tarpen 42, Norderstedt (Allemagne)
Impression à la demande
ISBN : 978-2-3222-5364-7

FSC
www.fsc.org
MIXTE
Papier issu
de sources
responsables
Paper from
responsible sources
FSC® C105338